# 脆弱的征服

The Real Story of European Expansion and the Creation of the New World Order

欧洲扩张与新世界秩序创建的
真实故事

[英]
杰森·沙曼
J.C.SHARMAN

著

黄 浩

译

重庆出版集团 重庆出版社

Copyright © 2019 by Princeton University Press
Published by Princeton University Press
41 William Street, Princeton, New Jersey 08540
6 Oxford Street, Woodstock, Oxfordshire OX20 1TR
press.princeton.edu
All Rights Reserved

版贸核渝字（2021）第 041 号

**图书在版编目（CIP）数据**

脆弱的征服：欧洲扩张与新世界秩序创建的真实故事 /（英）杰森·沙曼著；黄浩译 . -- 重庆：重庆出版社，2022.1

书名原文：Empires of the Weak：The Real Story of European Expansion and the Creation of the New World Order

ISBN 978-7-229-16124-8

Ⅰ. ①脆… Ⅱ. ①杰… ②黄… Ⅲ. ①殖民主义－历史－欧洲 Ⅳ. ①K504

中国版本图书馆CIP数据核字（2021）第212379号

**脆弱的征服：欧洲扩张与新世界秩序创建的真实故事**
[英]杰森·沙曼 著  黄 浩 译

| 出　品 人： | 华章同人 |
|---|---|
| 出版监制： | 徐宪江　秦　琥 |
| 策　　划： | 纸间悦动 |
| 责任编辑： | 陈　丽 |
| 特约编辑： | 熊文霞 |
| 责任印制： | 杨　宁 |
| 营销编辑： | 史青苗　刘晓艳 |
| 装帧设计： | 人马艺术设计·储平 |

重庆出版集团
重庆出版社 出版
（重庆市南岸区南滨路162号1幢）
北京博海升彩色印刷有限公司　印刷
重庆出版集团图书发行有限公司　发行
邮购电话：010-85869375
全国新华书店经销

开本：880mm×1230mm　1/32　印张：7.625　字数：180千
2022年3月第1版　2023年3月第2次印刷
定价：52.00元

如有印装质量问题，请致电023-61520678

**版权所有，侵权必究**

# 目 录

前言与致谢 i

导　论　军事革命和第一个国际体系　1
第一章　伊比利亚的征服者与恳求者　45
第二章　主权公司和东方帝国　86
第三章　同一背景下亚洲对欧洲的入侵　130
第四章　结论：欧洲人最终是如何获胜的
　　　　（在他们后来失败之前）　172
注释　198
参考文献　214

# 前言与致谢

写作本书是一件趣事，而其中最大的乐趣便是可以有机会在诸多历史谜题间漫步，这些谜题对于我们理解国际政治的现在、过去和将来是至关重要的。国际政治中发生的真正的重大转折与欧洲大型同盟战争之间本不存在什么关联，但后者常常成为国际关系教科书与学术研究的主要内容。这些战争基本上维持了欧洲支离破碎的现状，同时大国的阵营在缓慢变化（此处对大国的定义并不总是符合更国际化的全球标准，仅仅符合欧洲的地方标准）。所以，说到国际政治的转变，或许可以说，至少在过去五百年里，甚至自罗马帝国覆亡以来，欧洲根本就没有发生过什么有趣的事情。

我们需要去别处寻找深刻影响国际政治的转变。这些转变中最突出的，首先是全球国际体系的建立以及伴随而来的多文明秩序的形成；其次是欧洲帝国主义在大约一百年间统治着整个世界，这一阶段短暂但至关重要；最后是各殖民地纷纷获得独立，曾经强盛的亚洲国家逐渐恢复了实力，这一阶段更为短暂。我主要关注的是第一个问题，即第一个全球国际体系的建立，时间大致为15世纪末到18世纪末，其核心是欧洲的扩张，在这一扩张进程的推动下，之前彼此隔绝的区域逐渐连接成一个整体。

不要将"欧洲扩张"等同于"欧洲征服"或者"欧洲统治"，这一点非常重要。恰恰相反，在亚洲和非洲，欧洲扩张的进程更多地归功于欧洲的屈服而不是统治。尤其是当他们遭遇比当时任何欧洲强国都更为强大的东方帝国时，他们除了屈服别无选择。尽管一旦他们觉得把握十足，便会很快付诸武力，但在扩张中，比军事力量更为重要的是一种巧合：欧洲人的主要目标大体与海洋相关，他们致力于开辟贸易路线，建立港口前哨；而当地强国主要关心的是控制陆地领土，对海洋基本不屑一顾。这种互补的利益关注点使得双方形成了一种勉勉强强的共存关系。此外，欧洲人在东方和大西洋世界的冒险主要依赖于在当地培养盟友、寻找赞助者和建立附庸国。在美洲，欧洲冒险家带去的多种流行病帮助他们摧毁了当地帝国，虽然他们那些广为人知的胜利其实被那些不为人知的失败所抵消。从近代早期直至今日，军事和政治制度层面的跨文明转变，是由文化因素推动实现的，多半与效能和效率等功能性因素无关。

在阐述和论证这些观点时，考虑到涉及的空间和时间的广度，本书要么巨细无遗，写成鸿篇巨制，要么就必须简明扼要，仅列举要点。之所以决定写一本较为简要的书，是因为我希望能够吸引更多学术圈内外通常可能对历史不太感兴趣的读者，甚至可能是一些一般不阅读社会科学类书籍的人。虽说一本较为简要的书对于作者和读者来说都有好处，但也不可否认，它会留有一些缺憾。

最主要的问题是我将缺少空间去真正深入探究和讨论所有曾经引发我思考的、与该命题相关的佳作。几位慷慨的同事和三位匿名审阅者（来自更基础的读者群体）就书稿的内容给了我一些反馈意见，这些反馈意见中反复提及一个主题：有太多的其他作者、论点和辩论可以，也应该在本书中得到更多的关注。这些意见是正确的，的确有很多作者、论点及辩论可以，也应该在本书中得到更多的关注（甚至是引用），但是总的来说，他们/它们没能获得这样的待遇。需要强调的是，无论是对于被提到的原作者，还是对于提供意见的评论者来说，这都并非意味着不尊重或者不赞同。这些著作是本书得以写就的基石，我在此并不是有意对它们避而不提，以拔高本书的原创性。相反，这是基于折中原则，我需要对研究、著作及其他因素进行权衡考量，而且为了写作一部更为简要、更为易读的作品，省掉一些对大量早期研究的关注，也是可以理解的。

尽管我写作本书并不指望让读者沉浸在前沿的学术研究中，但我依然在某种程度上试图轻轻推动（而不是强迫）读者去更多地思考一下我们依然有多么喜欢言必称欧洲，以及这让我们错过了多少东西。毫无疑问，公正且善于思考的人们都同意在观念上认同欧洲中心主义有害无益。但是只要去看看大多数国际政治和历史方面的书籍的目录或索引，看看相较于世界其他地方，欧洲的地点、人物和事件在其中的比例具有何种压倒性优势，就可以知道这一问题依然困扰着我们。本书也有一些同样的偏见，但我希望偏见程度不那么严重。

虽然很多人建议在书中加入一个更为详细的文献综述，但是必须承认，我的论点中的许多关键要素的形成要归功于那些不吝对我的草稿或口头陈述发表评论的朋友。尤为幸运的是，我得以在格里菲思大学这样一个催人奋进、开放包容的学术环境中开始本书的写作，并在同样优秀的剑桥大学完成本书，因此有两群同事可以借重。

在布里斯班（Brisbane）写作本书的早期阶段，萨拉·珀西（Sarah Percy），尤其是伊恩·霍尔（Ian Hall）在指出本书第一部分的错误时让我找到了关键的方向，更为我应该如何修正错误指明了道路。我在格里菲思大学和澳大利亚国立大学分享过本书的最初版本，之后在我现在的系里，即剑桥大学政治与国际研究系，以及在欧洲国际关系研究会也分享了该版本。在一些会议中，我遇到了若干极为严肃的讨论者，他们接受了评判书稿任务的委托，为理解和改进我的草稿付出了很多努力，其认真态度远超我的预期。特别感谢丹尼尔·尼克森（Daniel Nexson）、西恩·弗莱明（Sean Fleming）和亚历克斯·魏辛格（Alex Weisinger）。三位匿名审阅者同样无私地反馈了意见和建议。我的作品能够得到这样细致的审读，并获得珍贵的反馈，实乃有幸。在这几年里，安德鲁·菲利普斯（Andrew Phillips）在多次讨论中，就如何做此类研究教给了我许多东西，其中有一些与本书直接相关。在剑桥大学，政治与国际研究系以及由马扎·斯帕努（Maja Spanu）和奥尔·罗森布姆（Or Rosenboim）组织的历史与国际关系研究组，为我完成本书的写作及相关研究提供了完美的环境。在剑桥和伦敦，艾斯·扎拉克（Ayşe Zarakol）、邓肯·贝尔（Duncan Bell）和乔治·劳森（George Lawson）启发我进一步思考一些历史上重要的国际关系问题。同样感谢大卫·朗西曼（David Runciman）在最初为我联系普林斯顿大学出版社。在普林斯顿大学出版社，萨拉·卡洛（Sarah Caro）在指导书稿通过验收和完成出版方面扮演了非常重要的角色。

尽管本书的研究与我对避税、洗钱和腐败等问题的研究兴趣差异较大，但共同之处在于任何研究都需要花费时间，而获取时间通常又需要金钱。澳大利亚研究委员会通过批准 FT120100485 和 DP170101395 项目，极为慷慨地为我提供了资助。我最早在《军事革命的神话：欧洲扩张与欧洲中心主义》一文中提出过与本书观点类似的论点，该文发表在《欧洲国际关系杂志》（*European Journal of International Relations*）上。

我曾经在大约四十年前尝试过一个更为雄心勃勃的计划却未获成功，这项计划便是探索"世界历史"[1]，在很多方面，本书都标志着我重启了该计划。如果我运气尚佳，在完成了

---

[1] 原文中"世界"的英文单词 World 被拼写成了 Wold，表示作者当时还是个孩子。——编者注

小学、中学和大学的教育后,我的第二次尝试应该会带来一个多多少少更为成功的结果。

说到长期的支持,我一如既往地衷心感谢我的家人,特别是比利亚娜(Bilyana)。

导论

# 军事革命和第一个国际体系

从15世纪末到18世纪末的欧洲扩张创造了第一个真正意义上的全球政治和经济体系，由此改变了世界。启动这一进程的是几乎同时开启的两条航线：向西横跨大西洋前往美洲的航线，以及向南和向东沿非洲海岸穿越印度洋直抵亚洲的航线。这些航线是由像克里斯托弗·哥伦布（Christopher Columbus）和瓦斯科·达·伽马（Vasco da Gama）这样的探险家开辟的。欧洲势力之后在大洋彼岸发展壮大，人们经常将此归结于欧洲的军事力量占据优势：欧洲人拥有更好的武器，而且能够更好地组织军事力量。这就是所谓的军事革命论，它认为欧洲扩张主要是欧洲军队和国家战胜海外对手的结果，因为欧洲人在欧洲本土激烈的竞争中生存下来并从中汲取了经验，能更好地适应战争的需要。这一论点得以成立基于一个假设，这个假设结合了理性学习理论和达尔文的"自然选择"学说，即竞争造就了更为高效的组织，这些组织能更好地适应环境。

在本书中，我将质疑这一观点涉及的每一个要素，并做出全新的解释。即使在欧洲，近代早期的欧洲人在面对非西方对手时，也不曾在军事方面表现出任何重大优势。欧洲扩张的历史既是统治的故事，同时也是欧洲人屈服和顺从的故事。欧洲扩张的先锋队并非国家的陆军或海军，而是小股冒险家或少数特许贸易公司，它们之所以能够获得成功，依靠的是在异国他乡培养盟友。对于欧洲人的成功和生存来说，他们采取的海洋战略可谓至关重要，因为海洋战略，他们得以避免挑战异国政权的陆地优势。在美洲，欧洲殖民者携带进而传播的疾病给当地人带去了灾难。近代早期最伟大的征服者和帝国创建者实际上是亚洲帝国，从近东的奥斯曼帝国到南亚的莫卧儿帝国，再到中国的明清帝国。对这些强国给予应有的关注，将有助于修正对早期研究造成过多干扰的欧洲中心主义，并对一个传统理论——发动战争和国家创建之间存在因果关系——提出质疑。一个更具世界性的视角将揭示军事与政治发展之间的多样性关系，并非只有一条单行道通向唯一的命运终点，而是存在导向多种结果的不同路径。

这一全新的视角与诠释欧洲扩张的传统观点形成鲜明对比，后者将欧洲的扩张视作由国家主导的事业，并假定欧洲人在对外扩张中采用的战术和技术照搬自欧洲国家之间的战争。这一全新的视角将质疑新式武器、新战术、大规模常备军与主权国家兴起之间严密的因果关系。在更广泛的层面上，本书提出的论点驳斥并取代了军事竞争模式，这一模式认为通过某种学习和淘汰的结合，军事竞争能产生高效、适应力强的战斗组织。

第一个全球国际体系创建过程的重要性在许多方面都非常显著。庞大、古老、一直与世隔绝的文明开始有规律地接触世界的其他地方。人员、货物、疾病和思想第一次在全球范围内流动，改变了受其影响的社会与生态。然而，就本书的目的而言，我主要关注世界政治的一些关键影响，以及我们研究世界政治的方式。

我们拥有一个彼此联结的全球国际体系差不多五百年了，人们常常将这一时期与西方统治时代画上等号。西方在军事和政治上拥有霸权，这类假定在一开始就支撑着对全球国际体系的研究，并支撑着解释这一体系的理论。但事实上，自从全球国际体系形成以来，有一半以上的时间不是由西方主导的。恰恰相反，从人口、财富和军事力量的角度来看，欧洲国家与亚洲强国如莫卧儿帝国或中国的明清帝国相比是弱小的。这一事实常常得不到认可，这反映了我们对国际政治历史发展路径的认知是多么扭曲，而这种认知对于我们理解过去、现在和未来都有着巨大的影响。我们在空间与时间上存在的偏见，不仅使整个理论体系过分强调欧洲强国的重要性，还贬低了其他地区强国的重要性。这些倾向性还将单一、确定的军事制度发展道路固化为历史常态。

战争史作为催生和检验许多社会科学理论的原始材料是非常重要的。军事力量被视作世界政治中的最终决定力量。军事革命论很大程度上是以历史为导向的社会科学的基石，这一观点认为：欧洲强国之间不断爆发的战争推动了欧洲的军事革新和国家创建，这随后给了这些国家一种竞争优势，它们曾用这种竞争优势来主导非欧洲国家的政治。这也让我们了解到主权国家和现代国家制度是如何兴起的。学者们对国际秩序兴衰的兴趣日益浓厚。自1500年到18世纪末的这段时间，浩如烟海的史料向我们呈现了一个能够立即与我们所在的当下衔接起来的样本。这一样本的特征足够显著，使我们可以理解，在没有任何一个文明占主导地位的情况下，多元化的全球秩序是如何运行的。在我们对国际政治运行方式自以为是的了解中，究竟有多少实际上不过是用狭隘的、以欧洲为中心的视角观察西方国际政治的运作方式？在回答这个问题时，近代早期历史的借鉴价值无可替代。

在哥伦布或瓦斯科·达·伽马所处的时代，军事力量推动欧洲统治世界，从这一传统历史视角来看，随着日本或最近的中国和印度等新兴大国的崛起，未来将出现一个不受西方主导的全球国际体系，这一前景看起来是史无前例的，这让我们瞬间坠入未知的境地。如果将近代早期的亚洲强国放回恰当的历史语境中，这样一个未来世界将会显得不那么突兀和怪异，这很可能是历史经历了一个相对短暂的失衡阶段后回归常态。这也是一个明证：改变我们对过去的认识，可以深刻改变我们对现在和未来的认识。

关于国际政治在不同时期的运作方式，我们有一套理论。通过回顾历史如何影响这些理论的形成，我对历史学科和社会科学之间的关系提出了一些想法。我得出的一个关键结论是，历史学家和社会科学家之间拥有的共同点比他们通常认为的更多。我还要强调，当前持修正立场的历史学家研究了欧洲文明与非洲文明、亚洲文明和美洲文明等其他文明之间的关系，而社会科学领域，特别是国际关系和政治科学领域的学者，可以从他们的研究成果中学到很多东西，来替代军事革命论。要理解像近代早期全球国际秩序的建立和运行这样庞大的主题，任何努力都离不开多学科视野。

## 争论的形式

最近的一本书评论道："在所有的争论中，很少有学者真正检验这一观点：军事革命是欧洲殖民主义的基础。1450年至1700年间，欧洲的军事革新在多大程度上让欧洲人在战争中占据优势？"[1]我在本书的第一章至第三章提出的证据表明，军事革命论根本不符合西班牙对新大陆的征服，或葡萄牙、荷兰和英国在亚洲与非洲行动的史实。

首先，欧洲人在海外使用的作战方式与他们在本土使用的几乎完全不同。除了极少数例外，无论是战术、军队还是组织形式，都不符合欧洲的军事革命和大国战争的模式。大批火枪手在长枪兵的保护下同时射击，这种在西欧和中欧最常见的作战方式几乎从未在其他地方使用过。不同于在欧洲部署大量军队，推进欧洲在更广阔世界扩张的是小型的远征部队。而且，在大多数情况下，这些部队基本上都属于私人，如临时组建的探险队或者拥有特许权的"主权公司"[1]。在不同地方为应对不同情况需要采取不同的应对措施,这就削弱了存在一种优越的欧洲战争方式的想法。

更为关键的是,在这一时期,相比其他文明的军事力量,欧洲的军事力量大体上并不存在优势。西班牙征服者在美洲取得的最为著名的胜利,是疾病、当地盟友和冷兵器共同作用的结果,²然而他们罕为人知的失败却打破了他们所向无敌的神话。在非洲统治者的默许下,欧洲人才得以维持他们在非洲的据点。在1800年之前葡萄牙与其他国家向非洲政权发起的屈指可数的战争中,前者基本上都败北了。面对明显更为强大的亚洲帝国,如波斯帝国、莫卧儿帝国、中国和日本,欧洲人采取了顺从和服从的态度。葡萄牙人、荷兰人、英国人和俄罗斯人,在与这些帝国发生的为数不多的冲突中再次遭遇了惨痛的失败。在欧洲和地中海地区,欧洲人奋力抵抗奥斯曼人,而他们在北非的军事冒险则陷入无尽的失望。

到目前为止,一切似乎都相当消极;如果不是军事革命,那么,究竟什么可以解释欧洲在最初几个世纪成功实现扩张呢?在这里,阐明我的积极论点的主要内容是非常重要的。首先,需要提醒的是,扩张并不等同于统治或者征服。³在近代早期的非洲和亚洲,欧洲军队压倒性的优势通常体现在海洋上,他们致力于通过重要港口和海上航线对海上贸易进行

---

[1] 主权公司:即主权性质公司,是指欧洲殖民者在亚非殖民区域设立的、在殖民区域行使行政管理权、垄断贸易权,受控于宗主国的公司组织。其组织形式虽是贸易公司,地位和职能却近似于附属国或殖民地政府。诸如英国东印度公司、荷兰东印度公司都属于此类。——译者注

军事化控制。与之相反，大多数强大的本土政权都对海洋漠不关心，只关心对土地和人民的控制。一方重视海洋，一方重视陆地，这种偏好互补的巧合，使得"陆地之主"和"海洋之主"可以勉强共存。尽管欧洲人对更为强大的地方统治者大体上表现出一种顺从的姿态，但这并不意味着和平与和谐。扩张引发了大量的暴力活动。在更高的战术层面，欧洲人对实力较弱的非洲和亚洲势力进行胁迫，将其培养为本土盟友，并根据不同环境需要，做出军事、组织管理、政治或文化方面的调整。最后，如前所述，在美洲还有疾病这一额外因素，它使得最为强大的本土帝国人口锐减，并且在之后不断地削弱原住民的抵抗力量。

如果我们用一种不那么欧洲中心、更为宽广的视角去观察从亚洲的西端到东端的战争、政治和社会之间的互动，传统观点的核心信条就会进一步被瓦解。早在900年到1200年，中国人就发明并改进了火药武器。在军事和行政现代化方面，他们领先欧洲人几百年，取得了大量里程碑式的成就。奥斯曼人和莫卧儿人建立的政权所管辖的人民数量，所拥有的财富和军事力量，都远非任何一个16、17世纪时的欧洲对手可以比拟。莫卧儿人始终让帝国边境弱小的欧洲势力战战兢兢，直到帝国于18世纪初瓦解。奥斯曼人则势不可当地碾压其对手，先是摧毁了罗马帝国最后的残余力量，随后又征服了阿拉伯地区、北非和东南欧。

对这些亚洲政权的了解将如何改变我们对于欧洲发展的认知？首先，它否定了这样一个观点，即只有一条道路可以提高军事效能，同时驳斥了用以佐证"战争造就国家"这一论点的充分条件和必要条件，无论是技术上的还是战术上的条件。其次，它打破了传统观念，即通常将弱小的欧洲政权获得的相对短暂的成功描述为划时代的胜利，而将强大的、存在时间较长的亚洲帝国描述成注定失败的。

我们讨论到现在，似乎还没有直面针对我的论点的一个显而易见的反驳：欧洲人最终取得了胜利。我会在"结论"那一章中做出回应，考察从近代早期获得的经验，不过依据的是19世纪"新帝国主义"的经历，在19世纪，欧洲军队击败了面前几乎所有的敌人；然后比较新帝国主义与之后欧洲在20世纪的收缩，这种收缩的表现有去殖民化，还有西方国家在面对共产主义运动和宗教暴动时所遭遇的失败。这说明欧洲人最终并没有获胜：他们的帝国衰落了，他们的军事力量一蹶不振。即使是美国，在刚过去的半个世纪里，在对阵非西方军队时也是负多胜少。

我在这里质疑的是欧洲在思想上、合法性上和文化上不可超越的地位。从近代早期末期直至当今，历史事件所勾勒的大致轮廓都倾向于证实欧洲的确处于这种地位，但相关解读依据的是后见之明（rational efficiency）[1]以及精心挑选的证据。同样令人怀疑的还有这种观点：技术和战场上的优势是提升军事效能的重要基础，亦是在地缘政治上获得成功的先决条件。19世纪的帝国从本质上讲大多只是一个威望工程，

---

[1] 这个词组直接翻译应为"有理性效率"，指从既定结论出发，从现象中寻找证据。此处姑且翻译为"后见之明"，以便于读者理解。——译者注

对提升欧洲国家的军事和经济实力几乎没有什么作用。在去殖民化的斗争中，技术更发达、行政水平更高的国家和军队总是输给相对落后的对手。欧洲大国打赢了大部分战役，却输掉了大部分战争，这成了在美国20世纪末和21世纪初的反叛乱战争[1]中不断重演的戏码。这使人们对技术的重要性产生了质疑，同时质疑的还有这样一种推定，即军事改良会导致更加同质化的组织，这种推定也是现在人们耳熟能详的不对称战争理论的一部分。

在导论的后半部分，我将进一步阐述这些更普遍的观点，以及历史学科和社会科学之间的关系。但现在的首要任务是阐明什么是军事革命论，以及它是如何解释欧洲的扩张的。

## 什么是军事革命论

为军事革命论提供基础的诸多关键概念，尤其是火药武器的决定性作用和欧洲的军事竞争，已经流传了几百年。它们见于孟德斯鸠（Montesquieu）、爱德华·吉本（Edward Gibbon）、约翰·穆勒（John Mill）、埃德蒙·伯克（Edmond Burke）、亚当·斯密（Adam Smith）、熊彼特（Schumpeter）及其他人的著作。[4] 然而，这一论点的当代形式最早是由军事

---

[1] 反叛乱战争：指的是美国在这一时期频繁干涉国外事务，在海外支持亲美政权，与游击队等反政府武装力量作战，比如1993年美军在索马里采取的军事行动。——译者注

历史学家迈克尔·罗伯茨（Michael Roberts）在1955年提出的。罗伯茨认为，欧洲在1550年至1650年发生了快速的军事变革与政治变革，二者之间联系紧密，得益于这个相辅相成的联动过程，军事革命使得近代世界彻底从中世纪中脱离出来。（值得注意的是，国际关系学者们认为1648年签署的结束三十年战争的《威斯特伐利亚条约》是近代的开端。）罗伯茨的理论中有四个核心要素：战术、战略、军队规模和国家发展。

战术变革始于16世纪90年代，当时的荷兰军事改革者改造了经典的罗马线列阵形，并开始训练火枪手同时射击。几十年后，瑞典国王古斯塔夫·阿道夫二世（Gustavus Adolphus II）在这一创新的基础上加入轻型野战炮，并重新引入骑兵冲锋的作战方式。掌握这些新战术需要更多的训练，尤其是高强度的操练，还需要更多的军官，这就意味着必须组建一支领取薪金、职业化的常备军。在中欧三十年战争中，多国联合作战证明战略目标有所扩大，因为许多军队被用于夺取军事目标。另一个变化是军队的规模大大扩张了，"战术上的革命使战略层面的革命取得成果成为可能，而三十年战争的时机则使其取得成果成为必然"[5]。统治者麾下的常备武装军队的总人数和在单次战役中投入的人数都增加了。

最后，也是最重要的，供养规模更大、职业化的常备军队需要花费更多的金钱。统治者必须发展一个中央集权的、等级分明的行政体制，它能深入社会以攫取必需的资源。这就是战争上的变革与近代国家的发展之间的关键联系。[6]社会学家查尔斯·蒂利（Charles Tilly）在他的精彩论文《作为有组织犯罪的战争构建与国家构建》中对这一过程这样解释："1400年后，欧洲人对规模更大、更常备化、维护成本更为高昂的军事组织的追求，事实上导致了王室预算、税收和政府人员的大幅增加。大约在1500年之后，那些成功建立昂贵军事组织的王侯，确实能够征服新的大片领土。"[7]如此一来，成功就会进入一个自我强化的正反馈循环：更多的资源产生更强大的军事力量，强大的军事力量又可以带来更多的资源。[8]这里的每一个要素都需要其他要素处于同一套因果关系链条中，而不是处于不确定的状态，仅仅是偶然与其他要素融合在一起。推动这整个过程的引擎据说是军事竞争：那些在竞争中落后的就会遭到痛击，甚至被彻底淘汰。这种达尔文式优胜劣汰的军事竞争思想激发了军事革新、学习、竞争和淘汰，这是历史和社会科学研究中反复出现的主题，我们将在导论的最后详细介绍这个观点。

## 军事革命与西方的崛起

罗伯茨的观点影响巨大，但与西方在欧洲之外的发展只有间接的联系。下一步则是由杰弗里·帕克（Geoffrey Parker）[1]踏出的，他将欧洲战争的发展与更广泛意义上的西方

---

[1] 杰弗里·帕克：英国历史学家、不列颠学会会员，研究领域为近代早期西欧和西班牙历史、近代早期战争史，现任俄亥俄州立大学历史系教授。——编者注

的崛起联系到了一起。结果就是，现在军事革命论对于讨论西方的崛起以及西方在欧洲之外的发展，比对于讨论欧洲内部的发展更为重要。[9]帕克首先修正了罗伯茨最初的观点，强调相比于战术，枪支和防御工事更应被看作变革的源头。尤其是在15世纪初，新式大炮能够摧毁中世纪城堡的城墙。统治者们突然变得不堪一击，他们急切地寻找新的解决方案，这就使得一种新型防御工事成为必需，它应该有更低、更厚、能更好地抵抗火炮的城墙，再配上锐角棱堡[1]，后者可以使进攻者陷入交叉火力中。然而，问题是这些新式星形要塞（意大利人设计）造价十分昂贵，而且它需要规模更大、相应地消耗更多费用的军队去驻守或进攻。因此，通过一条不同的路径，帕克在战争与国家创建之间的交互影响这一问题上，得出了与罗伯茨相同的观点：更多的花费和更多的军队，要求发展中央集权的行政机构。军事竞争再一次成为变革的引擎：统治者们明白，为了在战争中保持竞争力，他们需要跟上新趋势。那些不这么做的统治者，就得承担被征服，并从国际舞台上消失的风险。罗伯茨和帕克都认为，还有一种趋势与中央集权和扩大国家机构的压力是并行的，那就是小封建领主和私人武装跟不上军事革命的步伐，因此渐渐地被吸纳进了新的"财政—军事"国家中。[10]

但是，帕克的论点中最为重要的创新，毫无疑问是在欧洲战争特点的变化和之后欧洲人在美洲、非洲和亚洲的扩张

---

[1] 锐角棱堡：指棱堡被设计成有夹角的多角星形状，这样进攻者面对的区域不再是水平的城墙而是两段城墙之间的夹角，始终要受到两边交叉火力的反击。——译者注

之间建立了直接的联系。他认为，欧洲内部军事竞争的压力催生了与世界其他地方相比军事效能更为卓越的组织。帕克这样总结他的论点："1500年至1750年间，西方人成功地建立第一个真正意义上的全球体系，关键就在于发动战争能力的提高，也就是所谓的'军事革命'。"[11]

军事革命论中有关欧洲的部分和有关全球的部分之间有一个重要的纽带，那就是伴随而来的海战的发展。新型专用战舰拥有更为先进的导航技术和设计技术，这使欧洲人能够到更多的地方进行扩张活动。战舰配备的成排火炮可以击沉船只，轰炸岸上目标。像新型防御工事一样，这些武装船只造价昂贵，因此国家迫切需要征收更多的税费，并对社会进行更深入的干预，以保证其拥有竞争力。仅仅维持中世纪海战水平的封建国家和私人组织无法满足这些要求，因此只能逐渐被边缘化。[12]

在军事技术和组织方面，西方相对其他文明的优势据说很早就显现出来了："到1650年，西方已经在四个独立地区取得了军事上的优势，这四个地区分别是美洲北部和中部、西伯利亚、撒哈拉以南非洲的部分沿海地区、印度尼西亚和菲律宾群岛的部分地区。"[13] 在帕克看来，像滑膛枪和火炮这样的新式武器与新式战术和新式战舰结合起来，足以让西方国家远渡重洋，并且立即控制其涉足的海洋和沿岸地区，而最终，新的中央集权现代国家所必需的财政、后勤与行政手段，让欧洲人得以在1750年时控制了世界上三分之一的陆地。[14]

虽然一些历史学家质疑军事革命发生的时间、持续时长和革命性，但作为解释欧洲扩张的一种观点，军事革命论得到了广泛的认可，[15] 部分原因是该论点建立在一个历史更悠久、更成熟的思想传统之上，并对其进行了补充。这一思想传统是：从1500年左右开始，欧洲人开始主宰其他文明，借助的是更为先进的军事技术，而军事技术的发展又尤其得益于欧洲内部激烈的安全竞争。[16]

当然，军事革命论有一些非常重要的更新。有些学者认为，欧洲的军事优势是其潜在的制度优势和经济优势的产物，而这再次反映了欧洲国际体系独特的竞争性质。[17] 有些学者则认为，有利的地理或文化特质是欧洲军事优势产生的前提或原因。[18] 比如，作为世界上少数几个没有受到马背上的游牧民族威胁的地区之一，西欧人可以集中精力改进早期的枪炮，这些枪炮在步兵战斗中很有用，但不适用于对抗骑兵部队。[19]

在国际关系领域进行研究的学者也倾向于采用同一种思路。[20] 为什么欧洲人征服了世界上的大部分地区？针对这一问题，依据汤普森的"军事优势论"[21]，保罗·K.麦克唐纳（Paul K. MacDonald）[1]完全复制了军事革命论的观点，来总结国际关系学科对这一问题的主要考量：

从16世纪开始，欧洲的战争模式经历了深刻的转变。在陆地上，以火药为基础的武器，还有旨在抵抗这些武

---

[1] 保罗·K.麦克唐纳：美国韦尔斯利学院政治学副教授，主要研究领域是国际关系，重点是美国外交政策。——编者注

器的专门防御工事得到越来越广泛的应用，这些改变了战斗的性质……迫于日益增长的压力，欧洲国家不断扩大常备军的规模，这些常备军主要由受过良好训练和操演的步兵组成……尽管这场"军事革命"是由欧洲国家之间的军事竞争推动的，但其意想不到的后果是扩大了欧洲与世界其他地区的军事实力差距。

就连将欧洲最终获得统治地位归结为经济原因的社会科学工作者，也常常引用军事革命论来支持他们的论述，该论点在他们的论述中是不可或缺的部分。经济学家道格拉斯·诺斯（Douglass North）就提出了这样的问题：[22]

> 是什么开启了令西欧人最终建立世界霸权的扩张？用发生在中世纪晚期的军事技术革命来解释，在某种程度上最接近答案，虽然这种解释肯定是不完整的；十字弓、长弓、长枪、火药的使用，对战争的组织形式和经济成本都有影响。战争的成本增加了。因此，政治集团的生存成本也相应地增加了。因为国王们应该自食其力，他们需要解决的问题是找到增加财政收入的手段。[23]

那些以马克思主义观点来研究这一问题的学者，也运用军事竞争的逻辑来论证深层经济原因和地缘政治产物之间的联系：

> 在中世纪晚期和近代早期的欧洲,一个单一的帝国或国家征服整个欧洲大陆的可能性微乎其微……这使欧洲置于一个更不稳定、充满不确定性的地缘政治环境中,在这种环境中,数个世纪以来,参与军事竞争和战争成了欧洲人几乎恒久不变的特殊生存法则……欧洲军事组织快速扩张,财政水平逐渐提升,组织能力日益增强,这些可能是后来欧洲在海外成功扩张的关键原因。[24]

对于大多数研究国际关系的学者来说,这种叙述相当有市场,因为在讨论世界为何以及如何变成现在的样子这一问题时,大家心照不宣地将这种叙述作为自己提出假设的基础。欧洲的扩张被视作最重要的持续使用武装力量的历史活动,被视作世界历史上前所未有的征服,对当代国际政治产生了巨大的影响,因而研究和解释这段扩张的历史应该是社会科学家的首要任务。对于一个全部的存在意义就是服务于世界政治的学科来说,国际关系学科在真正重要的历史发展上所做的研究少得让人吃惊。这些历史发展有:第一个全球国际体系的建立,欧洲在新帝国主义时代这一相对短暂的时期统治了世界其他地区,以及这些全球帝国在20世纪的崩塌。在某种程度上,这可能反映出有一种偏见余毒未消,即国际关系的主要研究对象应仅限于"文明"国家之间的关系。[25]

在阐述了军事革命论的主要特征,以及它如何解释西方获得全球主导地位之后,现在重要的是回到之前提到的三个更具普遍性的主题上:我们研究世界其他地区的方式和我们研究欧洲的方式有何不同；历史学家和社会科学家对军事革命的看法有什么不同点与相同点；将军事革命论合理化的倾向，即认为学习和竞争能造就适应性更强、运转更高效、能够更有效地发挥作用的组织。为了夯实对最后一个话题的讨论，我选取了非洲战争中的一个例子，它涉及在战争中使用法术，这个例子清楚地说明了传统的理性—功能主义逻辑和更倾向于分析文化影响的研究方法之间的差异。

## 欧洲中心主义

军事革命论最初被用于解释欧洲的发展，后来被扩展到解释为什么欧洲人赢了，而其他人输了。人们普遍困惑的是欧洲有什么特殊之处。这个从不幸的中世纪起步的地区，后来为什么实现了对全球的统治？早期的学者们毫不掩饰他们的偏见，认为欧洲人天生优于其他种族。[26]尽管这种态度已被质疑，但重大偏见依然存在。

首先，关于欧洲尤其是西欧的历史学和社会科学的著作，比关于世界其他任何地区的都多得多。许多关于欧洲独特成就的断言反映的是对世界其他地方的无知。要是你无视其他例子的话，任何例子看上去都会是独特的。虽然这种偏颇还远未得到纠正，但是关于其他地区的研究越来越多地驳斥了欧洲例外论的谬论。正如一位历史学家所说："每当有一个人宣称欧洲在某个特定领域拥有优势，无论是保护私有产权，人均收入可观,还是注重劳动生产效率,又或是火炮制造水平高,就会有一个亚洲历史学家指出其言论是错误的。欧洲例外论就像一个散开的线团,让人理不清头绪。"[27] 尽管国际关系学者雄心勃勃,想要提出不受特定时空限制的一般性政治理论,但他们在这方面经常受困于他们自身的短浅——他们过分关注欧洲,同时相应地漠视世界其他地方发生的事情。[28] 本书的主要目的之一就是给予其他地区与文明同等的重视,为修正研究视角略尽绵力。

欧洲中心主义不仅仅是政治不正确的问题,它还极大地限制了我们解释过去与现在的能力。首先,如前所述,要证明欧洲真的有一些独特之处,还需要对其他地区展开谨慎而细致的研究。例如,欧洲的军事竞争真的与其他地方大不相同吗?其次,与视欧洲为独一无二存在的观点相对的,是将欧洲视作一种普世典范,认为它明确界定了其他地方需要跟随的一般标准和天然标准,虽然其他地方在后来的历史时期因为对这些标准亦步亦趋而出现了倒退。再次,有人倾向于认为在欧洲以某种顺序发生的历史事件彼此间存在因果关系,而且只能以这种特定的顺序发生。军事革命论在这方面就提供了一些很好的例子:并不是新的技术和战术得到推广,之后不久军队又恰好趋于常备化和职业化,相反,是新的技术(火枪)和战术催生了职业常备军,而且只有职业常备军可以使用这些新技术。军队规模的扩大和现代国家的发展之间也同样存在着必然的、恒定的关联。然而,我们还是要说,如果不把它们与在其他地方发生的类似的历史进程做比较，还是很难对这些强调因果联系的说法产生信服。

还有一个更为微妙但是需要特别注意的偏见，体现为在背景假设中设置基础问题和出发点的方式经不起仔细推敲。例如，在大部分关于欧洲人跨大洲征服的著作中，都隐含着这样的思想，即认为任何具备同样技术和资金条件的文明如果采取同样的行动，就可以，并且在某种意义上应该，踏入世界前列并以同样的方式征服世界其他地区。且不说这种说法实际上是错误的（中国人在15世纪就具备了必要的航海技术和军事能力，却没有试着去建立一个海外帝国），更为深层次的、常常被人忽略的问题，是为什么我们要在一开始做这样的假定。影响更大的是我们在做研究时习惯于从故事的"结局"倒推，先看到的是欧洲人的统治，然后才是回溯历史记载，这就使得我们倾向于寻找自己预想的欧洲人"必然"成功的先兆，以及其他人无法回避失败的先兆。[29] 做出这类解释的研究者在历史上设定的出发点就决定了他们会得出不公正的结论："通过把注意力引向一个时间段（1500年以后）而不是一个地区，无须明确地贬低亚洲文化和政体，无须为狭隘的欧洲中心主义世界观辩护，西方学者就可以将西方置于任何讨论的中心，并使落后的亚洲在西方历史中处于次级地位。"[30] 截然不同的是，如果故事的"结局"发生在去殖民化之后的任何时间，或是像中国这样的大国最近复兴的时刻，故事就将在完全不同的背景下展开。[31]

我们知道，决定讨论涵盖的历史时段是十分重要的，那么为什么本书要重点关注近代早期？读者大可指出，笔者选择15世纪末作为起点本身就有失偏颇，因为这正是欧洲扩张时代的开始。然而，考虑到伊斯兰世界和中国的诸多征服者的功绩，把西方人视作近代早期唯一的，或者说最重要的帝国缔造者是大错特错的。与读者所担忧的正相反，如果本书介绍的是西方的军事崛起，为什么它的讲述到18世纪末就终止了，而不是持续到20世纪西方帝国的全盛时代，或者持续到去殖民化进程的开启之时？

历史学家和社会科学家基本上达成了共识，与解释工业革命前三个世纪内欧洲如何获得统治地位相比，解释欧洲的主导地位始于工业革命，涉及的是完全不同的问题。[32] 帕克最初论文的框架就反映了这种历史时期的划分。西方在19世纪统治世界，这一点没有人质疑，然而，越来越多的批评的确在质疑这种观点是否适用于近代早期，我也持怀疑态度。争论的核心是，西方是否在与美洲、非洲和亚洲的政权开始定期互动之后，但在许多人认为是"大分水岭"的18世纪末之前，就享有了军事优势。[33] 然而，出于公平的考量，同时为了让我的论点也适用于近代早期之后的时代，所以最后一章将关注19世纪的新帝国主义，以及从1945年延续至今的去殖民化进程和殖民地的反抗活动。在最终失败之前，欧洲人是如何取得胜利的？

## 历史学与社会科学

历史学家和社会科学家往往对彼此的工作评价不高。正如一位匿名评审人这样评价我在本书的早期版本中所表达的论点：

> 作者可能低估了或者（为了表现得体）有意淡化了历史学家对政治科学理论的鄙视，这是某种近乎厌恶和完全无视之间的立场。在整个历史学家群体中，军事历史学家是相对不那么鄙视政治科学的，但个中差别其实也微乎其微。

另一位杰出的军事历史学家在短暂地接触了国际关系研究之后，也有感而发，"我为自己短暂涉猎国际关系理论这一通常毫无回报的领域而感到遗憾"（不过接下来他略带反讽地指出："然而……应该认识到国际关系理论是无法回避的，在任何一本关于任何一个时段战争的著作里都是如此，无论这个时段是过去、现在还是未来"）[34]。社会科学家也常常以牙还牙，同样热衷于奚落他们一贯反感的历史学家。[35]

尽管存在这些分歧，历史学家和社会科学家对欧洲扩张中军事革命的性质和全球性影响却有着相同的观点。国际关系及相关领域的研究者都将罗伯茨和帕克提出的观点奉为圭臬，虽然他们往往并不明确指出这一点。[36] 历史学家们也经常采用非常社会科学化的解读模式。遗憾的是，双方都倾向于同样的欧洲中心主义。这些共同点和重叠之处说明，将政治学家、社会学家以及其他社会科学领域的专家,描述成从事与历史学家的工作本质上完全不同的事业的人,根本就是一种错误的陈词滥调。这种描述颇为滑稽:历史学家痴迷于细节和独特性,因而写出了丰富的描述性作品,但他们不敢触及因果关系,也不敢触及界定社会科学领域的宏观的、具有普遍意义的理论。在欧洲军事革命和西方的崛起这个问题上,没有什么比这种描述更偏离事实了。如果说历史学家的研究方法和其他领域的学者的有什么区别的话,那就是他们过于热衷于简化的、僵化的、普适性的因果联系。至少在这一领域,历史学家出人意料地对这一观点表示赞同:竞争环境中的组织是快速而高效的学习者,就像经济学家认为竞争市场中企业一样。不过,来自一系列不同学科的学者正在研究同一类问题,并且试图用同一类语言通过跨领域的交流来解释这些问题,这是一种值得肯定的积极努力。问题应该是什么,这已经毋庸多言,学者们应该将更多的时间投入到对答案的探索中。

然而,到目前为止,那些专门研究国际政治的学者在关于西方崛起的辩论中被边缘化了,这一点令人惊讶。人们或许会以为,既然国际关系学科关注的是战争与和平问题,尤其是军事竞争和不稳定因素,那么国际关系学者应该在这场辩论中扮演一个主要角色。实际上,除了少数例外之外,国际关系学者缺乏参与度的现象十分明显。[37]尽管事实上,国际关系学科将过去一千年国际政治领域中最为重要的两个成果,即西方和主权国家的(双重)统治,直接或间接地归功于军事革命。这一学科的主流学者倾向于不假思索地将国际关系的基本观点建立在日益受到挑战的历史叙述中。这对于所有相关研究者来说，都意味着错失机会。

那么，政治学家应该向历史学家提供什么来解释历史的发展呢？可能有些出人意料，作为一名社会科学家，我试图促使人们对常见的社会科学假设、概念和解释范式产生更多的质疑，并展示这些假设和推理方式中的问题和陷阱。具体来说，与所谓的高效、理性的学习，以及军事竞争环境创造了更强的适应者这类过于简单的预设不同，我主张文化因素至少同样重要的观点。传统范式的问题究竟是什么，文化性的替代范式又是如何运作的？在后文中，我将列出一些问题，并以战争中的法术为例，说明传统范式与文化性的替代范式之间的区别，指出传统范式存在的问题，并阐明文化性的替代范式为什么是更好的选择。

## 什么塑造了组织？质疑学习与选择

除了讨论什么推动了欧洲的扩张，什么与欧洲的扩张无关这样的大历史问题，本书还致力于解释在制度层面，比如军事和国家层面发生的变革。为此，我首先挑战为使学习、适应、淘汰这种模式运作并产生效果所做的一般假设。这些通常是默认的假设支撑着军事革命论的逻辑，但我们也应当意识到它们对与历史和制度相关的一般观点也产生了巨大影响。[38] 为了给讨论限定一个范围，并本着听取多方意见的原则，我主要依据两位军事历史学家，即杰里米·布莱克（Jeremy Black）和韦恩·李（Wayne Lee），以及两位社会科学家，即乔恩·埃尔斯特（Jon Elster）和约翰·迈耶（John Meyer），所提出的相互补充的论点展开研究。尽管是从大不相同的出发点着手研究，这几位历史学家和社会学家依然对竞争性的环境可以创造高效且适应性强的组织这一论点提出了相互补充且有力的批评，无论这里的环境指的是战争还是大多数其他领域。

学习需要参与者要么通过一个试验或试错的过程，要么模仿成功的同行和竞争者的做法（也许是最聪明的策略），即根据两种实践所带来的不同的组织表现，来判断成功的和不成功的策略与制度。选择是基于自然界"适者生存"法则的类比：不成功或适应能力差的学习者会被淘汰出系统，只留下适应能力更强的学习者。随着环境条件和选择压力的变化，成功的幸存者的数量也发生了变化。关于军事史的著作常常借鉴这两种机制。那些战役和战争的输家会去模仿击败他们的赢家的长处，而那些不能学习或不愿学习的输家最终会被征服。从这一点来看，就可以明白为什么反复投入战斗有助于提高军事实力：战争通过淘汰不能适应竞争压力的输家，为军事组织提供了评估自身表现和向他人学习的机会。

## 学习

布莱克归纳出了一种被他称为"范式—传播"的方法,军事历史学家将其视为最普通的变革模式。根据这种方法,特定的参与者(几乎永远是西方人)提供了一种客观上更高级的新技术或手段,然后这种创新被其他人模仿,以便在动荡不安的环境中保持竞争力。因此,布莱克谈到了"一个有点朴素的信念,即社会会为了优化其军事实力和军队表现而进行调整",他认为历史学家过于依赖"即便不是无意识地,也是机械地追求效能"的观点。[39] 李则通过讨论军事史中的一个假设(存在一种"挑战—回应"的交互模式)表达了相同的观点:"隐含的动力……是一种直接而有意识的回应:历史参与者觉得需要一套新体系或新技术,然后他们就发展出来了。"[40]

与李的观点相反,埃尔斯特对于参与者,尤其是对集体学习者的理性和学习能力没什么信心。[41] 学习取决于克服不确定性的影响,而埃尔斯特认为,在社会性的世界中,不确定性通常是压倒一切的。[42] 乍一看,参与者似乎很容易发现哪些对于改进组织的表现有效,哪些无效,接着就可以成功地将这些知识应用于实践。但实际上,上述过程要想成功需要很多条件,毕竟,如果在社会性的世界里这么容易断定因果关系,让统治者和军事将领们都可以自然而然地搞清楚,那么社会学家和历史学家为何如此举步维艰,哪怕他们拥有后见之明的巨大优势。

卡尔·冯·克劳塞维茨（Karl von Clausewitz）[1]提出的"战争迷雾"概念与埃尔斯特的观点类似。根据这一概念，"战争是充满不确定性的领域；四分之三的行动所依据的因素被或大或小的不确定性的迷雾所遮盖"。与人们能够相当容易地分析出因果关系这种观点相比，"战争迷雾"的观点更符合一直存在的学术界对不确定性和一阶问题的争论。克劳塞维茨另一个著名的概念"阻力"也能驳斥"学习便是将别人的经验付诸自己的实践"这一观点。阻力可以使最简单的事情变得困难，因为"在战争中，事情的结果最容易出乎我们的意料"。[43]

持军事革命观点的著作强调学习的作用，其中一个例子是菲利普·霍夫曼（Philip Hoffman）在《欧洲为什么征服了世界？》（*Why Did Europe Conquer the World?*）一书中给出的模型。在论证了"职业军人完全有动机采用最有效的战术、硬件和组织"这一观点后，他继续说道："统治者发动战争，然后使用有效的手段对抗敌人。学习既可以在战争中进行，也可以在战争结束后进行，那时输家可以仿效赢家，而双方都可以修正他们之前的行动。"[44]然而，辨别"什么有效"的过程绝不像听上去那么容易。[45]战争中的胜利和失败是各种因素动态而复杂的相互作用的结果，而其中很多最为重要的因素，比如领导力和士气，都是难以衡量的。当代军事效能研究强调间接的和难以改变的因素，比如国际

---

[1] 卡尔·冯·克劳塞维茨：普鲁士将军，军事理论家，被后人尊称为西方兵圣。——编者注

环境、政治文化和社会结构。[46]例如，在历史学家看来，在1839—1842年第一次鸦片战争中，英国击败了清朝军队，这是中国军事技术和制度落后于西方军队的一个毋庸置疑的典型例证。然而，中国的统治者却断定这次失败是指挥无能和出现叛徒的后果，不承认存在任何体制问题或需要进行大范围的改革。[47]

**选择**

将学习的问题搁置一旁，在战争中通过征服实现淘汰的自然选择机制，又会对组织内部结构产生何种不受人为干涉的影响呢？这个概念排除了一种假设，即历史的参与者们可以分析出复杂的因果关系，然后吸取经验和教训，重组军队，重建国家和社会，以满足各种迫在眉睫的需求。尽管这里的关注点是军事竞争，但这种达尔文式推理的含义要广泛得多。因此，社会学家观察到："对那些认为历史学具有实用性的人来说，首要的假设是人们会为了生存而竞争。"[48]

李谈到在军事史上显而易见的相同逻辑："常常与挑战—回应机制相联系的是这样的观点：成功的军事革新会产生新的模式，为了生存下去，附近的竞争对手会迅速效仿……如果不学习堪称典范的军队的做法，结果就是社会走向衰亡。战争事关生死，无法适应战争的军事体系会被淘汰。"[49]为什么通过征召入伍者组建军队的做法越来越普遍，一位国际关系学者在解释这个问题时也采用了相同的思路："在任何竞争体系中，成功的做法都会被模仿。那些不能成功模仿的组织不太可能生存下来。"[50] 同一领域的老前辈肯尼思·沃尔兹（Kenneth Waltz）给出了更为简要的回答，他认为，由于国际体系的无政府主义性质，所以无法适应大环境的组织会"退出历史舞台"。[51] 另一位学者将沃尔兹的思路应用到19世纪拉丁美洲的军事竞争上，得出了相同的观点："无论是市场中的企业，还是国际体系中的国家，处于竞争状态的组织不断地被迫去确保他们内部组织良好，并为生存和蓬勃发展做好准备。"[52]

这一解释依赖于不同的存活率而不是学习：过时的或适应性差的观念和组织要让路，给适应性更强的观念和组织留出扩散、扩大和主宰的空间。[53] 不通过学习跟上竞争节奏的企业很容易破产。[54] 如果选择的目的是淘汰效能低下的组织，并推动高效能组织的发展，最后的结果很可能是所有组织都非常擅长学习。学习和选择这两种机制通常被认为是相互强化的。被淘汰的威胁会促使组织产生学习的动机。由于低效组织被淘汰了，经济学家假设企业的行为就好像它们掌握了复杂的利润最大化计算似的。

然而，埃尔斯特在这一观点——组织的特性可以被解释为在运行过程中适应环境压力——中看到了更大的问题，这里的环境压力就是指军事竞争的压力。至于组织拥有学习能力这种假设，一开始看起来像是一种常识，但仔细分析我们就会发现其实学习有相当严苛和限制性的前提条件。辨识出反馈循环尤其困难，而只有通过这个反馈循环，一个组织的特性才能产生良好的结果，并反过来帮助组织保持这种特性。[55]总而言之，埃尔斯特认为"许多得到应用的理性选择理论，不过是了无新意的故事和功能主义阐释的结合"[56]。

为了使选择机制造就一批构造相同的高效组织，必须满足几个条件。组织中的"死亡率"必须非常高，效率上的差距必须非常大而且保持相当长的时间，环境也必须保持一定的稳定性。例如，征服和摧毁必须是司空见惯的，高效国家和低效国家之间的差距必须非常大，并且这种差距在战场上始终具有决定性作用，而且对于某些具备比较优势的国家来说，其自身的优秀特质必须保持相对稳定。此外，必须具备以上的每一个条件，选择机制才能起效；少一条都不能通过达尔文淘汰法使组织朝着最佳组织的方向发展。显然，这些条件在军事竞争的语境中很难凑齐。

首先，政权往往能延续很长时间而且很难被军事征服所摧毁。[57]即使是那些被历史学家视为军事落后和统治不力的典型例子的国家，如波兰—立陶宛联邦，或者后来的奥斯曼土耳其帝国或清帝国，这些政权往往可以持续数十年甚至数百年。这种令人惊讶的长寿现象并非强国所独有。规模极小、几乎没有防御能力的政权通常也能在巨大的军事冲突中安然无恙地幸存下来，像安道尔、列支敦士登和圣马力诺这样的欧洲微型国家就挺过了两次世界大战。[58]其次，正如下一章将要阐明的，某个特定的科技优势或制度优势很少能够持续起决定性作用。战役和战争的结果，往往是由多种偶然的物质因素和非物质因素综合作用决定的。最后，在一时一地具有显著优势的组织特征，在更换时间和地点后可能会不再具有同样的优势。本书的主要结论之一，就是欧洲军队在欧洲的最典型特征在美洲、亚洲和非洲基本上荡然无存，因为鉴于当地的条件和对手，这些特征都是不实用、不合时宜的。军队效能的决定性因素过去是，而且所有迹象显示它们现在依然是高度分散和多样化的，并不存在一种唯一的、横扫一切的西方战争方式。

## 一个文化性的替代范式

指出一种解释为什么行不通是一回事，但是要拿出一种更好的新解释则是另一回事。假如上面所有的批评都是正确的，那么还有什么可替代的解释呢？为了与最近的军事历史研究保持一致，我强调文化的重要性。[59]然而，"文化"是学者们使用的最为模糊、最难以把握的术语之一。我试图通过两个步骤使这一文化视角的解释既清晰又具有说服力。首先是简要介绍一个支持军事历史文化观的论点。接着，我总结了约翰·迈耶提出的模型，这一模型旨在有意替代上文批评的"通过学习和淘汰来提高效率"的观点。两种观点之间的差别简要概述如下：

第一种观点是……组织会在运行中做出回应：长期

的竞争会不断淘汰弱者、留下强者，同时社会的复杂性和技术的复杂性不断提升，这就要求组织合理化和标准化的程度也不断提升……第二种观点认为，组织是其社会环境和文化环境的产物，它们受效能的影响不大，是大环境让一些组织生存下来，而让另一些组织被淘汰。

最后，我介绍了在战争中用法术防弹的例子，由此对两种截然不同的解释范式进行比较。[60]

对布莱克来说，讨论文化时真正的核心要点是军事效能：

在全世界，效能的概念都是由占主导地位的文化和社会模式来构建和应用的。在大部分的军事历史研究中，做深层次的分析都是在某种形式的社会达尔文主义的驱动下，机械地去探索效能和武力的最大化。然而对与持续有效要素相互作用的新方法的兴趣，以及从文化角度构建效能的方式，这两者之间的相互作用是一个复杂的过程，而前面说到的分析方式会破坏这种过程，仅以一种模糊的方式将效能定义为部队结构、作战方法或战术战略。[61]

布莱克所说的文化方法指的是什么？他谈到了在确定优先级别、设定目标、评估成本和收益、界定胜利与失败等方面，"感知"与"期望"具有怎样的重要性。[62]另一位杰出的军事历史学家约翰·林恩（John Lynn）也将文化定义为"价值观、信念、假设、期望、成见等"。[63]文化方法即从文化的角度来看待技术的发展、应用和理解，而不是将技术当作不受环境影响的催生军事和社会变革的非社会性客观要素。[64]而李则将文化定义为"广泛共享的一组观念，反映的是世界如何运作，以及一个人如何在其中生存和获得成功"[65]。文化提供了"一系列可供选择的选项"。李使用社会学术语"制度同构"[1]来解释为什么某些做事情的标准方式能够因为与其功效无关的原因而得以广泛传播和延续。

约翰·迈耶是最早提出"制度同构"理论的学者之一[66]，他强烈主张以文化视角去看待制度。"制度同构"理论的提出，对于构建一个有别于学习和选择机制的新理论大有帮助。这一理论还提供了丰富的原始资料，人们可以据此要求在军事历史方面采用文化导向更强的研究方法。然而，迈耶的出发点还是多少倾向于做出这样的预设：理性的组织面对竞争环境时，会在竞争压力的推动下不断提高完成任务的能力（比如，对于军队来说，就是更高效地战斗；对于近代早期政权来说，就是将军事效能最大化）。根据这种逻辑，组织有其生存之道，它们形成某种行事方式是有原因的，这个原因就是它们要快速有效地完成使命、达成目标。

迈耶和他的同事们主要关注的是当代，所以在解读他们对前几个世纪历史的见解时要格外谨慎。然而，即使处在一

---

[1] 制度同构：制度对组织行为有约束性的影响，这种影响叫同构。组织为了获取合法性，其流程和结构倾向于获得意义、实现自身稳定，而不是以效率为优先。因此，同一领域的所有组织看起来和行动起来往往都一样。——编者注

个有着详细的绩效指标、巨大的数据处理和分析能力，以及完备的职业管理和咨询产业的时代，组织依然可能严重地偏离其理想目标。所以，有充分的理由认为，近代早期的组织更难接近其理想目标。这一点尤其值得注意，因为近代早期所有地区的历史参与者都倾向于用神的旨意和超自然力量的干预来解释成败。[67]然而，迈耶并没有将专业的、理性的当代组织与数个世纪前较为落后的组织区分开来。他认为，当代组织同样可能受到神话和宗教仪式的束缚。[68]

对于像迈耶这样的社会学家来说，无论是政府部门、医院、大学还是公司，组织通常对效率和效益问题漠不关心，就算它们可以找出实现这些目标的路径，情况也不会改变，更何况它们很可能找不到这样的路径。组织生活不是按照经济学原理或是管理学教材上的原则运行的，它可能更接近于一出荒诞剧，或者像呆伯特系列漫画（Dilbert cartoons）[1]和电视剧《办公室》（Office）这样的讽刺作品。不过，组织生活远非毫无意义。相反，组织的性质和活动被设定为对外获得合法性，这一点优先于所有其他对组织的生存没有直接和即时威胁的事项。组织是其所处环境的产物，但这样说和竞争性环境促使组织提升效能的观点有很大的不同。它们获得合法性的方式是在结构和行为方面适应其所处环境的期望，这种期望通过当前运行良好的文化模式表现出来。因而，组织

---

[1] 呆伯特是斯科特·亚当斯（Scott Adams）所著的职场漫画系列的主人公，是一位白领工人、电气工程师。该系列漫画通过呆伯特的职场生活讽刺了所谓的企业管理原则。——编者注

结构反映的是意义，而不是功能或技术效率。

然而，由于内部程序的黏性，形式和实际运转经常会产生偏差，导致出现普遍的弄虚作假、形式主义，或者被称作"脱钩"的现象，也就是理论与现实存在差距。比如，理想的现代企业（或者大学）是"客户导向"的，与"利益相关者"紧密合作，拥有由善于倾听的老板和具备自主权的员工构成的扁平化结构，并且密切关注环境的可持续化发展、性别平等和企业社会责任。但是比这一切更为重要的是，这一理想的企业能以最低的成本，高效地为欣赏它的顾客提供一流的产品和服务。尽管企业的现实与理想状态存在差距，但是优秀实践的影响力却非常强大，个中原因与盈亏关系并不大："高度专业化的顾问为组织提供外部帮助，但他们通常很难证明提高生产力是非常必要的，尽管提高生产力可能在保持内部和外部的合法性方面非常重要。"[69] 在政府中也是一样，"行政人员和政治家支持一些项目，但这些项目未能得到实施；管理者勤勤恳恳地搜集信息，却无法对这些信息进行分析；专家不是被雇来提供建议的，而只是用来显示组织具有合法性"。[70] 对于成功和生存来说，合法性可能比实际完成工作更为重要。迈耶认为组织成员扮演的是文化环境为他们设定的角色，而不是在多种行动方案中理性地做出选择的实体。

这个非常抽象的当代理论是如何与当下我们密切关注的历史问题产生关联的？一个简单的例子就是对欧洲近代早期的"军事企业家"（比如在三十年战争中参与度很高的那些"军事企业家"）所扮演的角色及其动机的讨论。即使只是提到"企业家"这个词,也很可能让读者期待马上看到如何通过冷酷的手段和冷静的目标导向思维,用最低的成本获得最大利益(别说什么把人的生命安全放在第一位)。然而实际上,那些"军事企业家"的通常做法是在战斗中大肆挥霍资金,为所欲为。

正是军事事业的社会文化因素,鼓励上校们和更多高级军官在经济上毫无节制,在估算供养他们的军队的经费时不够理性,为了赢得尊重和认可不惜耗费巨资,并以个人名义许下代价高昂的承诺,两者实质上都是对勇气和领导地位进行炫耀的典型例子。战争依然是展示社会声望和文化尊崇的主要舞台,军事事业充分利用将领们的热情,扮演着重大而令人印象深刻的角色。[71]

这些"不理智"的个人(以及他们所领导的组织),并没有因为破产或在战斗中被杀死而被淘汰,实际上他们的力量在17世纪欧洲战争的极端重压下不断壮大。此外,"私人军队在战争中扮演的角色逐渐受到威胁,并在18世纪末最终消失,导致它们消失的原因也与对其实际效能水平的评估毫无关系"[72]。事实上,原因是舆论氛围发生了变化,政府对军事力量的直接供给和控制成为"主权的标志",因此国家试图通过顺应这种期望(能够行使主权)来最大化自身的合法性。[73]另一位研究那个时代的著名历史学家也认为,军官们"将战斗视为展示他们的荣誉和勇气,甚至骑士精神的舞台",而且

"即使在最实际的问题上,事物的外观也很重要"[74]。当时的军队还有一个明显的戏剧化特征,比如统治者或将领总喜欢购买昂贵的、能展示威望的装备,而这些装备对实际的战斗力没什么帮助。[75]

那么文化价值真的可以在血腥残酷的军事竞争中幸存下来吗?人和组织在军事竞争的情况下可以更好地适应环境,下面这个简单的例子则是关于这一观点的一个严重的、显著的、长时间存在而且致命的失败案例。有这样一种迷信思想,认为人可以通过喝药水、涂抹药膏、戴护身符或举行某些仪式使自己变得刀枪不入。我在此举出的这个不和谐的例子,与我们认为世界如何运转的现代观念直接相悖。我把它作为一个具体的例子,证实在一个我们认为理所当然的论断中存在着严重的缺陷,这个论断就是如果能给予军事组织足够的时间和激励,它们或多或少会找到提升战斗力的方法。虽然这里讨论的刀枪不入法的例子主要来自20世纪,但关于超自然力量在战场上的干预,类似的迷信却有着悠久的历史,西方显然也不例外。[76]比如,在近代早期的东南亚,无论是当地人还是在那里的欧洲人都相信同一件事情[77]:"葡萄牙人谈到他们在东南亚的第一次战斗,即劫持一艘从苏门答腊开出的马来亚船只时,遭遇了一个刀枪不入的对手。那个男人的伤口中没有流出血液……记录者报告说,这种状态一直持续到他手臂上的魔法护身符被取下。"[78]

## 法术与军事效能：刀枪不入法

在这个例子中，持续数十年的战争所提供的多次选择并没有提高军事效能，尽管重复的经验、迅捷而明确的反馈循环、稳定的环境、强烈的学习动力、易操作的纠错措施、很高的淘汰率等，这些条件都已经具备了。这个例子展示了文化模式是如何压倒最强大的激励因素的。虽然没有决定性的单一例证，但即使在残酷的军事竞争环境中，严格预设的学习和淘汰的条件已经最大限度地得到满足，选择机制仍然没有起效，这就足以削弱"军事竞争能提升战斗力"此类观点的说服力。

那么，根据传统观点，大部分历史学家和社会科学家预设的学习机制在战争中起效的必备条件是什么呢？第一，必须经常有学习的机会，而且对组织的表现也要有定期反馈。第二，环境变化的速度必须足够慢，以便积累知识。第三，组织结构和策略与成败之间的因果关系必须相对明晰。第四，从运用通过观察得来的知识这个角度来说，根据经验教训采取行动必须相对容易。下面的这个例子表明，即使处在极其适合理性学习，并且可以通过淘汰使达尔文主义选择机制起效的条件下，文化依然可以起主导作用。

1986年，乌干达北部爆发了一场反对新成立的穆塞维尼（Museveni）政府的起义。这场被称为圣灵运动的起义是由艾丽丝·奥马（Alice Auma）发起的，她自称是诸多灵魂的灵媒。第一个灵魂是拉奎那（Lakwena）的，拉奎那生前是一位意大利军事工程师,他通过奥马成了运动的领袖。由复员士兵组成的游击队被分成三个部分,每个部分都由一个单独的灵魂指挥,而这些灵魂也是在奥马陷入催眠状态时通过她来说话的。这场运动的战斗策略如下:

> 士兵受到攻击时不得躲藏……他们必须赤裸着身体,直挺挺地面对不断逼近的敌人……也不准他们瞄准敌人,是灵魂引导着子弹射向敌人并决定他们中谁应该死去……士兵们被涂上乳木果油和赭土,为了让他们刀枪不入……圣灵士兵占据了阵地,按照圣灵的命令开始唱虔诚的歌曲,这要持续10分钟、15分钟,甚至20分钟。然后计时员会吹响口哨。等这个信号发出后,士兵们开始排成一长队向前行进,所有人以最大的声音高喊:"詹姆斯·邦德(James Bond)!詹姆斯·邦德!詹姆斯·邦德!"[79]

说这些战术欠佳还真是严重低估了它们啊。

在过去的两个世纪里,类似的策略在非洲大陆上随处可见:1819年、1853年[80]还有1991年在南非[81];19世纪80年代、19世纪90年代,20世纪60年代[82],还有最近一段时期在刚果[83];1905年[84]在坦桑尼亚;1917年[85]、20世纪80年代以及最近[86]在乌干达;20世纪50年代[87]在肯尼亚;1967—1970年在尼日利亚[88];20世纪70年代和80年代在安哥拉[89];20世纪60年代和70年代在几内亚比绍[90];20世纪

70年代、80年代和90年代在莫桑比克[91]；20世纪70年代在津巴布韦[92]；20世纪90年代在利比里亚内战期间[93]，以及同一时期在塞拉利昂[94]。在魏格特（Weigert）关于现代非洲战争的研究中，他提到了"游击队期待通过药膏或者仪式让自己刀枪不入的相似的例子"[95]。

在殖民征服战争中，在之后的反殖民起义以及后殖民主义时代的西方干预中，依赖刀枪不入法的战术也被用来抵抗欧洲常规军队。依靠某种法术便可以让自己刀枪不入，这种信念在反对后独立时期的政府正规军、参与族群对抗以及反对像"执行结果"（Executive Outcomes）这样的雇佣军集团等活动中普遍存在。尽管有时自私自利的精英利用这些仪式来欺骗轻信的追随者，但有强有力的证据表明，他们确实相信刀枪不入法有效。[96] 这些非常规的战术被用来达成常规目标。正如斯蒂芬·埃利斯（Stephen Ellis）[1]所述："大量证据表明，战士和其他经历过战争的人相信可以从精神源头获取力量……但这并不意味着战斗行为是某种邪教行为。作战的主要目的是获得财富和荣誉，或者是复仇。"[97] 娜塔莉·沃达尔奇克（Natalie Wlodarczyk）[2]将在战场上使用法术称作"个人操控精神力量去达成既定目标的能力"[98]。在军事史上，刀枪不入法和选择机制有什么关联，前者能如何检验后者呢？

相关的基本问题是军事竞争如何塑造组织。以这个特殊

---

[1] 斯蒂芬·埃利斯：英国历史学家、人权活动家，主要研究非洲对全球的影响。——编者注
[2] 娜塔莉·沃达尔奇克：某独家分析机构的全球分析副主任，负责处理有关战争、恐怖主义和内乱的全部分析观点和预测。——编者注

的例子为基础的检验，其效力源自以下因素紧密的共同作用：刀枪不入法的特点，选择机制能够发挥作用的范围、应具备的条件和驱动因素（选择机制也是学习机制和淘汰机制起效的先决条件），再加上预期结果（刀枪不入法的快速消亡）和实际观察到的结果（刀枪不入法在不同地区延续了数百年之久）之间存在的巨大差异。在检验中，使选择机制起效的驱动因素呈现得十分清晰，而结果也显然与理论的预测完全相反。[99] 所以，刀枪不入法这个例子与学习机制和淘汰机制都有很大的关联。

有一些社会经历着长期内战，比如乌干达、莫桑比克和利比里亚，这些社会中的战士对于刀枪不入法深信不疑，所以刀枪不入法可谓是久经考验。无论是个人还是武装组织，都有大量的机会在实际的战斗中检验刀枪不入法的真实效果。起义者大多来自前军人群体（如圣灵运动中便是如此）[100]，即使是那些没有接受过正规军事训练的人，往往也被迫把军事暴力当作一种生活方式。如此一来，战士们通常拥有丰富的一手经验可以借鉴。在这些地方，也没有发生任何可能影响刀枪不入法有效性的环境变化。

如何检验刀枪不入法的有效性，我们在实际行动中能看到一种快速显现、简单明了的因果关系，那就是被子弹打中，然后因此而受伤或死亡。这种因果关系显然没有，也不可能随着时间的推移而发生显著变化，而且火药武器自17世纪以来在非洲的战争中就很常见了。[101] 这种因果关系很容易通过个人体验或第三方的观察而得出。对于战士来说，他们会非常渴望了解被射中后的真实后果，尤其是在没法对不会立刻致命的伤口进行治疗的情况下。武装组织并不是为了去往极乐世界或成为殉道者而作战，因此它们的动机必定是务实的，它们迫切希望采用有效的军事策略，摒弃无效的军事策略。采取纠错措施也是相当容易的：对个人来说，不要相信刀枪不入术，而应寻找掩护；对于那些不仅容忍其成员私下相信刀枪不入法，甚至主动传播这种迷信的武装组织来说，解决方案就是不再举行刀枪不入的仪式。

基于所有这些原因，在无政府环境下，在作战的组织之间，如果有一种无效的信念应该通过学习机制来消除的话，那就是刀枪不入法了。然而，这一信念却被广泛传播，并且长期存在。在各种案例中，通过学习和"挑选"刀枪不入法来提高组织表现，这一任务需要具备什么条件，答案一目了然，任何人都可以自然而然地想到。通常，组织收到的定期反馈要少得多，面临的因果关系要复杂得多，面对的是更不稳定的环境，学习动机不强烈，实施的困难要大得多。

这些看似明确的结论被当时流行的关于因果关系的文化脚本[1]所同化。除了最初的"清洗"仪式或护身符外，要想保持刀枪不入还需要遵守一些禁忌。这些禁忌通常包括不能洗澡、避免吃某些食物、禁欲等。遵守这些禁忌是使刀枪不入法有效的前提，这就为个人和组织在使用刀枪不入法时遭

---

[1] 文化脚本：20世纪90年代由波兰裔语义学家安娜·韦日比茨卡（Anna Wierzbicka）提出的一种文化观念分析和比较的方法，可以理解为文化中特有的一套价值观念和准则。——编者注

遇失败提供了一个借口。非洲战士与其他地区的士兵，还有政策制定者和社会科学家，面对的是相同的困境：找出一种因果联系。正如一个使用过刀枪不入法的人所说："你称我们为巫术使用者，然而，就算西方军队里的将士身穿盔甲，有时也未必有效果，这对我们来说也是如此。有时我们会受伤，有时我们会丧命。"[102] 失败被解读为没有遵守禁忌，而不会被用来否定刀枪不入法。[103] 一个经常被用来解释非洲军队被西方殖民者军队击败的理由，是后者拥有更为强大的法力。[104] 在20世纪90年代初，莫桑比克全国抵抗运动组织（RENAMO）就使用一种名为"疫苗"的新法术来对抗敌人的刀枪不入法，[105] 而同时，在塞拉利昂，其他军队对付刀枪不入法的方法则是用大砍刀猛砍敌人，直至将其砍死。[106]

若想消除刀枪不入法，其方式想来应该更加直接并且没有争议。相信自己不会被子弹所伤而参战的人，被杀死或受伤的可能性更大，而成员普遍持有这一信念的组织也有更大概率被击败。刀枪不入法没有被完全消除，不能归因于所有组织都持相同信念，因为还有很多相关的武装组织并不相信刀枪不入法。这些武装组织包括欧洲殖民者的军队、鄙视"反动的"和"资产阶级的"传统信仰的共产党军队、殖民地获得独立后的西方干预武装、雇佣军和采用传统训练方法的非洲军队。有时候，这些传统军队可以肆意屠戮相信刀枪不入法的对手，但有时候也会失败。对于笃信刀枪不入法的武装力量来说，胜负对比还不足以让他们完全摒弃这种信念，哪怕仅仅是减少对这一法术的使用。

那么，文化性的替代范式是如何解释刀枪不入法的呢？文化环境创造了"行动者借以观察世界及各种结构、行动和思考方式的透镜"[107]。由于普遍存在的不确定性，学习是困难的，组织多半都不愿意反省，而是墨守成规。组织都格外重视神话和仪式。[108] 参与者大多只是部分参与，而非全盘接受这种信念。[109]

根据这些标准，从文化视角做出的解释更为合理、更为适用，当然比基于理性学习和淘汰作用的选择机制的解释要好得多。对刀枪不入法的各种实践有着惊人的一致性，这种实践不太可能源自理性的行动。文化环境极大地限制了行动者的看法，使他们以个人和组织的身份，拿生命安全去冒险，因为他们对仪式和刀枪不入法之间的因果关系有着错误的认识。日常的实践持续了数十年甚至数百年，即便没有效果也依然继续，而组织则不断强调信仰和仪式的重要性。

为了避免这个例子被看作是对黑皮肤、非理性的非洲"他者"的某种讥讽，这里有必要强调这一理论也可以用来解释美国的组织。在现代西方社会中，也有类似的、长期存在的组织功能紊乱的自欺欺人的例子，尽管它们并不产生危及生命的后果。例如，23万亿美元被投资到主动管理型投资基金中，人们相信这些基金能够跑赢市场，带来高额回报，因此甘愿缴纳高额的管理费。尽管研究一直表明，想通过这种方式持续跑赢市场的愿景完全是镜花水月。[110] 主动管理型基金就像刀枪不入法一样，成本高昂、明显无效，但长期受到欢迎。

**前方的路**

在介绍了关于军事革命论的辩论,以及支持和批评这一论点的逻辑模型之后,现在是时候拿出更详细的证据来支持我们当前的观点了。下一章,我将评述西班牙征服者远征美洲的战争,以及大约1500年后葡萄牙与非洲和印度洋沿海政权之间的关系。第二章开始于第一章起点的一个世纪后,着重于荷兰和英国东印度公司在南亚、东南亚和东亚的命运。第三章回到欧洲,我指出,直到18世纪之前,即使在其本土和地中海地区,欧洲人也没有比他们的伊斯兰对手,尤其是奥斯曼帝国,享有任何显著的军事优势。该章的最后一节审视了欧洲中心主义的地域偏见如何扭曲了我们对技术、军事和政治变革之间关系的理解,而从西方"必然的"胜利出发回顾历史,这种时代偏见如何夸大欧洲人的胜利的同时,掩盖了亚洲帝国的力量。第四章结论部分从后来的两个有利的时间段重新审视了我关于近代早期的观点:其一是欧洲人自新帝国主义时代直到19世纪末取得胜利的这段时间,其二是从1945年到现在这段时间。最后,在结束本书的讨论之前,我简要回顾了关于组织变革、效能和文化的问题。

第一章

# 伊比利亚的征服者与恳求者

让欧洲人得以统治美洲、非洲和亚洲的,是先进的武器、战术、组织、行政和财政支持,还是这些要素的共同作用呢?本章及下一章将通过研究欧洲人的远征战争来评估军事革命论的全球视角。军事革命论认为,欧洲人得以远征并取得胜利,是因为他们采用了在本土激烈的军事竞争中磨炼出来的作战方式。与此相反,我建议从一个新的视角来看待15世纪末至18世纪末的欧洲海外战争。

近代早期,西方人在海外的战斗方式与他们在欧洲的战争方式几乎完全不同,而且几乎与每一条军事革命论所定义的标准都不符合。海外的欧洲人并没有采用神圣罗马帝国皇帝查理五世的军队使用过的战术,或者三十年战争中的战术,而是随机应变,根据当地的情况和条件,临时制订和调整新的作战方法。相较于人数成千上万的正规军,欧洲扩张的力量通常仅有数百人。尽管装备大炮的帆船比其他强国在公海上能投放的任何船只都优越，但它们并没有从根本上改变力量平衡。尽管西方人的军事技术远比他们的美洲对手先进，双方在其他方面却是势均力敌。即使有差距，往往也会很快缩小。

要记住，在军事革命论中，国家和税收的重要性毫不逊色于步枪与火炮。利用战斗、贸易和策划进入外国地区的很少是欧洲国家力量，更常见的是临时冒险组织和特许私人公司。这在很大程度上是出于需要，而不是出于选择：在19世纪之前，欧洲统治者很少有能力跨海运输大规模军队。因此，无论从哪个方面来看，认为欧洲人以压倒性优势战胜西方对手和东方对手的军事革命论都是站不住脚的。但若是如此的话，如何解释欧洲的第一波扩张浪潮呢？

欧洲扩张在不同地区的表现是大不相同的，这里有必要对扩张这个模糊的概念进行更深入的研究。[1] 在加勒比地区，以及中美洲和南美洲的部分地区，征服者摧毁了饱受疾病蹂躏的主要土著政权，并接管了其土地和人民，尽管数百年中，伊比利亚人实际控制殖民地的程度都很低。然而，在非洲和亚洲，欧洲的扩张情况大不相同。葡萄牙人、荷兰人和英国人在现存的政治和商业关系体系中扮演着相对弱小的边缘角色。胁迫当然非常重要，但欧洲人在东方的主导，体现为对海运网络的控制，这并不会挑战该地区主要强国的利益。非洲统治者自称"陆地的主人"，同时称呼欧洲的闯入者为"水的主人"，这一模式在其他地区被广泛复制。[2] 有时候，这种关系是建立在一个大致平等的基础上的，但很多时候欧洲人不得不含糊或明确地对当地统治者表示顺从，以表示对他们的尊重。

虽然在本书中没有涉及太多，但疾病依然是解释欧洲扩张的不同模式的一个关键因素，这正是贾雷德·戴蒙德（Jared Diamond）的著作《枪炮、病菌与钢铁》（*Guns, Germs and Steel*）中被普遍接受的观点。欧洲人，尤其是西班牙人在美洲造成的巨大破坏，在很大程度上是由于疾病的灾难性影响——疾病加速了该地区规模最大、结构最严密的政权的崩溃，并严重削弱了其他政权的实力。[3] 与此相对，在非洲，这种优势被逆转了，当地人对于周围的疾病有着更强的抵抗力，而欧洲人和他们的马匹、驮畜的死亡率则高得惊人。在亚洲，疾病并不总是像在美洲那样使一方的力量胜过另一方。值得注意的是，在近代早期，人们对于什么是疾病，它们的病理是什么，或者如何治愈它们这些问题知之甚少。就像之前讨论过的刀枪不入法一样，欧洲人也用迷信来对抗疾病，他们将放血疗法、使用香料和祈祷作为主要的治疗手段。[4]

1500年至1750年期间，除非欧洲人能够因为流行病而获得某种优势，否则他们甚至无法击败非西方的中等强国。而且，在当时的亚洲和非洲统治者的默许下，欧洲人才得以基本维持他们在东方以海军为主的商业帝国。[5] 欧洲人尝试过打破这种局面，但次数不多，而且基本上都失败了。考虑到参与扩张的欧洲远征军规模很小，基本上是自发的武装力量，存在这样的危险情况并不让人感到意外。正如在第三章中我们将探讨的，在这一时期，庞大的、由国家支持的西方军队

第一章　伊比利亚的征服者与恳求者　　　　　　　　　　47

需要经常面对的非西方劲敌只有一个，那就是奥斯曼帝国。奥斯曼人能够获胜、征服，并守住其在欧洲和北非的大部分胜利果实。军事平衡发生重大转变的唯一证据在帕克所认为的关键时期（1500—1750）结束之后才出现。从这一时间节点之后，奥斯曼帝国开始在对抗其欧洲敌人（尤其是俄罗斯）时屡战屡败，而英国东印度公司在远东开启了将整个南亚纳入其统治的漫长历程。然而，即使在西方人取得胜利的情况下，军事革命论也往往与事件的走向不符。

在本章剩下的部分，我将从技术、战术、军队规模和战争中的财政—行政支持等方面来评价军事革命论。我先从西班牙征服者和去往美洲的其他欧洲人说起，然后再考察在非洲、印度洋和亚洲进行扩张的葡萄牙人。接下来的一章将做类似的工作，以在南亚、东南亚和东亚开设的荷兰东印度公司和英国东印度公司为例，检验军事革命论的有效性。我们已经检验了军事革命论，发现它不能很好地反映历史经验。本书对近代早期欧洲人所取得的大体有限的成功做出解释时，将着眼于当地盟友的重要性、欧洲人对非西方强国的顺从，以及欧洲人所求和当地人愿予之间的契合程度。欧洲人在海岸上设立的防御性贸易据点对亚洲和非洲的统治者几乎不构成威胁，而且经常被纳入互惠互利的贸易网络之中。所以，欧洲人在这一时期的扩张完全不能等同于征服。在许多方面，欧洲人所表现出来的姿态更多的是顺服而非主宰。

那么，本书关于战争、学习和组织变革的更抽象的论点是什么，布莱克的范式—传播的模式又是什么？这里需要注意的是，社会学家和历史学家发现，在作战或战争等非常复杂的情况下，很难判断是什么导致了什么，这就导致了关于历史为何如此发展的根本性分歧。不过，有一种假设认为，即使情况如此复杂，人们依然可以准确地总结出技术、战术、后勤、士气和更广泛的社会因素，与军事效能之间错综复杂的因果关系。更为乐观的假设则认为，在找出军事效能得以提升的原因之后，统治者或将领们就能够实施旨在提高军事效能的改革。由于欧洲人在面对当地敌人时很少拥有军事优势，所以也就不存在趋向一个唯一、优越、西方式战争方式的淘汰过程。在亚洲，令欧洲对手相形见绌的亚洲强国军队，要么比欧洲早几百年就已经预见到了引发军事革命的关键要素，要么已经想出了替代方案。

## 范例：欧洲军事革命中的军队

在深入分析欧洲人在其他大陆的军事行动之前，最好考虑一下经典的军事革命论所描述的那种军队是什么样子。在三十年战争中，第一次布赖滕费尔德战役爆发于 1631 年，由国王古斯塔夫·阿道尔夫（Gustavus Adolphus）率领的瑞典新教军队及其盟友撒克逊军队，击败了由神圣罗马帝国皇帝率领的天主教军队。尽管帕克强调这场战役中的围城比战斗本身更具代表性，但他认为布赖滕费尔德战役是体现新式现代战争优越性的典范。[6] 罗伯茨（他写过一本瑞典国王的传记）也将这一时期的瑞典军队视作新式战争的先锋。[7]新教军队由2.8万名步兵和1.3万名骑兵组成，配备51门重型铁炮以及数量更多的分配到各团的轻型火炮。由于瑞典步兵部署的阵列比他们的对手帝国军队的方形阵列要稀疏，他们所受的齐射训练强度更大，并且拥有更强的野战炮兵，因此他们拥有更高的射击频率和更强大的炮火，这些被证明是在战场上获胜的决定性因素。这场战役是一次巨大的战术胜利和战略胜利，将近80%的帝国军队士兵被杀或被俘。尽管像剑和长矛这样的武器还是很重要，但火药武器已经占据了主导地位。[8]其他历史学家也认为布赖滕费尔德战役是"新战术对旧战术的第一次重大的考验和试验，因此也是近代第一场重要的陆地战役"[9]。瑞典人和其他人能成功齐射，需要的是纪律，而在战斗中执行其他行动，则需要更多常备军军官以更小的单位对士兵进行训练。鉴于瑞典的这次和其他胜利，"他们的方法迅速被欧洲其他主要军队模仿"[10]。比如，据帕克所述，在这场战役结束后的第二年，帝国军队就学会了适应和模仿其获胜对手的战术，他们降低了步兵的队列密度，提高了齐射水平，并且部署了更多的野战炮兵。

从16世纪初到1648年《威斯特伐利亚条约》终结三十年战争期间，欧洲主要强国通常在战场上投入3万~6万人，包括部队和供给人员的现役军人总数多达15万。[11]征召、武装及供养这样规模的军队需要举国支持，一般来说会消耗统治者80%以上甚至更多的收入，这还不包括偿还之前战争积累的债务本息。[12]因此，战争与更为广泛的社会政治变革，比如国家创建之间存在着联系："战争和备战的成本对社会造成了巨大冲击。"[13] 对于当时的军队来说，要偿还账单（如果他们要偿还的话），需要结合官方税收、借款和掠夺等手段。[14]

现在的重点是提供一个粗略的基线或基准，通过它来评判欧洲人在海外作战的方式。在欧洲，要想在新式战争中具备竞争力，统治者必须拥有庞大的枪械武装的常备步军部队、大量的火炮、新式战舰以及棱堡，这些叠加起来会榨干当时统治者所能筹集到的全部金钱和人力。在这样的财政压力下，许多统治者经历了连续的破产。作为国家的工具，而且有时候由君主直接控制，新式战争中的军队是职业常备军，他们接受了高强度的齐射训练，在战争中会利用火枪手、长枪兵、骑兵和炮兵的互补优势进行联合兵种作战。值得注意的是，在军事革命论中，这些单独的技术、战术及财政—行政方面的特征被认为是相辅相成的，而非因为机缘巧合组合在一起。在审视了西方人在海外的作战方式后，我们发现几乎没有一个上面提到的特征得到了应用，因此军事革命的论点几乎与近代早期欧洲的扩张没有关系。

## 西班牙征服者

初看之下，西班牙在16世纪初征服了美洲的大片土地似乎是一个无可争议的明证，证实了即使在面对难以置信的实力对比时，西方军事优势也可以成功地支撑起帝国的开拓。

征服者的军队规模如此之小,处在远离家乡的陌生土地上,却不断地战胜数以万计的美洲军队,摧毁了两个帝国,并在此过程中获得了惊人的财富。依靠奴役和种族灭绝,西班牙人获得了大量新的土地、人口和收入。军事革命论若是真的有效,那必然是在此处显现了。除了本身具有划时代的重要性之外,西班牙征服者的胜利还常常影响人们对欧洲扩张的整体看法:"哥伦布的经历超越了地理界限,成为近代早期欧洲扩张的主要象征。"[15]

只要我们对西方与地中海地区、非洲和亚洲非西方国家之间的关系稍有了解,就能知道军事革命论是多么站不住脚。但是,在考察其他地区之前,还是先仔细考察美洲吧。这里我们并非要总结历史记录,而是要评估历史事实与军事革命论的相关性,并提出一种新的解释。

值得注意的第一点是征服者的数量少得令人难以置信:在1521年的特诺奇蒂特兰战役高潮时,科尔特斯(Cortes)带进墨西哥的士兵仅有900人,而1532年皮萨罗(Pizaro)在秘鲁时手下只有170人。他们以少胜多的战绩经常被拿来证明西方在技术或组织上占据优势,但这一事实本身恰恰排除了军事革命论作为西班牙征服的有力解释的可能性,因为这一论点是建立在人数成千上万的大规模军队上的。如前所述,军队的规模是将军事革命论这一论点的纯军事层面与创建现代主权国家联系起来的关键。有人可能会辩称,由于西班牙人有当地盟友的帮助,最后在阿兹特克帝国首都特诺奇蒂特兰击败阿兹特克人的军队人数大约有7万之多。但这些盟军与军事革命论中所说的受过严格训练的常备职业军完全不同。

西班牙军队规模小，是因为他们像哥伦布踏上最早的探索之旅时一样，基本上都是私人力量。[16] 西班牙国王授权这些私人力量远征，条件是他们所发现的土地要归国王所有，土地上的居民要接受教会的洗礼，而开发新领土的权利在一段时间内按照一定安排（委托监护制）分配给那些用自己的资本和生命冒险参与探险的人。比如对加那利群岛（Canary Islands）的早期征服与殖民，"远征的资金是通过冒险家和银行家之间订立的合约来募集的，因为扩张始终是一种伴有风险的生意"。[17] 亨利·卡门（Henry Kamen）[1] 接着评论道：

> 西班牙没有派出一支军队参加"征服"。西班牙是通过一小群冒险家的零星努力实现其统治的，后来国王试图控制这些冒险家……多亏了委托监护制，国王能够在新大陆发起军事行动，而不需要向那里派遣军队，而事实上他在任何情况下都没有能力往那里派遣军队。西班牙人在"征服"期间发起的军事行动完全依赖于私人组织。[18]

征服事业本质上的私人性质驳斥了新大陆的胜利是由国家力量实现的观点，这里的国家力量指的是由公共财政收入

---

[1] 亨利·卡门：英国历史学家，发表了大量关于欧洲，尤其是西班牙帝国的著作。——编者注

供养、由王国官僚机构控制的军队。总的来说，早期的征服者甚至不是士兵，他们通常是由亲属团体招募的。大多数人没有接受过军事训练和训练指导，而这正是新式军队的基本特征。[19] 这些私人武装力量没有军官，自然也就没有任何正式的指挥系统。[20]

如果说还有什么是军事优势论的支持者可以用作论据的，那就是征服者确实拿着枪而他们的敌人没有枪这个事实了。[21] 学者们经常小心翼翼地强调，他们所讨论的技术并不仅仅是实物，也包括组织技能，甚至可能包括使技术发挥全部效能的文化特征。然而，尽管有这样的争辩，但在接下来的讨论中，我们还是倾向于将技术默认为物质技术，尤其是火枪。[22] 与之对立的问题是，如果对技术的定义变得包罗万象，纳入组织的、社会的和文化的特征，那么这个词的含义就被拓展得超出了常识的范畴，上述解释也就不具备说服力了。[23] 这就是霍夫曼给出的定义所存在的弱点，在他给出的定义中，"技术包含很多东西，而且它是被有意规定成这样的，因为它必须囊括所有可以提高胜利概率的东西"[24]。通过技术优势来解释胜利，再把技术优势定义为一切提高胜利概率的东西，这不过是一种循环论证。

那么，在西班牙最初的征服中，技术和战术的作用是什么呢？对于军事革命论来说，这里的难点在于科尔特斯和皮萨罗的军队在很多方面看起来更接近中世纪军队而非近代军队。如上所述，他们的军队规模很小，是临时组建的，且成员不是职业军人，所以只接受过最低程度的操演和训练。[25] 虽然他们的确拥有一些长枪（火绳枪）和少量火炮，但绝大多数战斗还是近身作战。[26] 欧洲人所拥有的最大技术优势一般被认为来自征服者的钢剑和盔甲[27]，这两种装备在欧亚大陆上已经流行了数百年。因此，一位历史学家认为，在击败阿兹特克人和印加人这两件事情上，"火枪没有冷兵器重要"。[28] 另一位历史学家观察到，"配备火器的西班牙人在不得不把武器换成棍棒之前，能打出一枪就算运气好了"，但是"有一件武器……效率无可置疑，那就是钢剑"。[29] 还有一位历史学家也同意"其陌生感带来的最初冲击力消失之后，火器基本上就没什么作用了"[30]。约翰·吉尔马丁（John Guilmartin）[1]认为，即使西班牙人根本没有任何火器，这些远征的结局也是完全一样的，[31] 要知道西班牙人也使用了威力十足的十字弓。因此，就算是中世纪的十字军到达美洲，他们可能会像征服者一样成功。

当武器转向战术，火枪的角色被边缘化，战斗中不再有火力齐射，甚至在中世纪晚期的战争中作为主要推进力量的长矛方阵也消失了。在1559年的一本关于美洲战争的小册子中，一名征服者老兵这样解释："在美洲，战争的样式和实践与欧洲的完全不同……线形阵列、层级化军事单位及长期驻防，被用于执行搜敌—歼灭任务的小规模隐秘作战单位所替代。"[32] 如果没有火炮，那么火炮要塞也就没有必要了；还有侧舷炮战舰，就算它们在当时已被投入使用（此类战船是在

---

[1] 约翰·吉尔马丁：美国俄亥俄州州立大学军事史教授。——编者注

第一批西班牙舰队和葡萄牙舰队前往美洲和亚洲后才被引入的[33]），也就与西班牙冒险家战胜阿兹特克人和印加人没有任何关系了。

事实上，比任何单纯的武器或者特定战斗都更为重要的因素是征服者的美洲盟友的支持。[34]特拉斯卡拉人和其他与西班牙冒险家结盟的族群，不仅在击败阿兹特克人时提供了绝大部分军队，还提供搬运工帮助西班牙人运送补给，在西班牙的后勤支持方面扮演了关键角色："在很多方面，我们都可以将欧洲人的成败完全解释为后勤问题，或者更好的说法是，他们如何成功地利用原住民的支持去应对后勤上的挑战。"[35]比如，如果没有成千上万的美洲人的帮助，建造和运输用来攻击阿兹特克首都特诺奇蒂特兰的小船，包括挖掘运河来部署这些小船，将是不可能完成的任务。有一种观点认为西班牙人在操纵中美洲政治时玩了一出漂亮的外交游戏，然而，罗斯·哈西格（Ross Hassig）[1]认为不能被这种后见之明的观点牵着走。他指出这一观点是站不住脚的，因为西班牙人对当地政治几乎一无所知。事实更接近于西班牙人实际上被他们的盟友操纵了。[36]然而，美洲人也没有预料到疾病的全部影响，以及西班牙人最后的背叛：双方都处于一无所知的境况中。这种情况被称作"双重错估"："文化交流的双方都假定某种形式或概念以与他们自身文化传统相近的方式运作，而对另一方的解读不了解或者没有加以重视。"[37]因

---

[1] 罗斯·哈西格：美国历史人类学家，专注于中美洲研究，尤其是研究阿兹特克人的文化。——编者注

此，尽管西班牙人后来认为当地人已成为国王的忠实臣民，但后者认为统治他们的是自己的首领。

在讨论当地盟友的重要性时，霍夫曼提出了尤为值得注意的观点。他认为，欧洲人正是靠着先进的武器才赢得了盟友的支持，就这一点来看，"与他（科尔特斯）结盟的决定实际上恰恰证明他拥有技术力量，而非证明技术无关紧要。同样的结论也适用于葡萄牙人的亚洲盟友"。[38] 对此，我可以做出两点回应。首先，回到这样一个事实，制造钢剑和盔甲是关键的技术，这两项技术虽然对于美洲人来说是新鲜的，但在欧亚大陆上已经存在了几百年。这里没有任何近代因素。其次，即使军事优势可能是征服的一个必要条件，它仍然远远不如疾病和当地盟友重要。

## 美洲征服的界限

科尔特斯和皮萨罗广为人知的胜利，还有军事革命论的一般逻辑，表明欧洲人在美洲是战无不胜的。然而，在摧毁了阿兹特克帝国和印加帝国之后，西班牙人在进一步扩张时遭遇了一些切实存在的军事阻碍。其中之一就是人力不足，在某种程度上这是因为欧洲人在新大陆的数量太少，但主要是因为其美洲盟友和奴隶的死亡率骇人听闻。但是，尽管北部和南部的一些当地部落也遭受了瘟疫的破坏，但他们还是成功地抵挡住了西班牙人的侵略直至19世纪。[39] 当欧洲人最终将这些反抗镇压下去时，这类胜利看上去更像是人口比例的胜利，而并非因为先进技术优势的决定性作用：欧洲移民的数量上升了，而同时疾病和战争耗尽了他们对手的力量。[40]因此，即使在欧洲人有着巨大非军事优势（疾病）的战场上，在技术差距非常大的地方，一些当地政权还是可以不断地击败来自旧世界的入侵者。

21世纪所谓的"不对称战争"在西班牙征服时期就已具雏形，能最有效抵御入侵者的是组织松散的部落族群，而非阿兹特克人和印加人这样大型的、高度组织化的社会。一个可能的因素，是组织松散的部落族群可能更能抵抗与欧洲人第一次接触时所受到的最初的流行病冲击。越"原始"的部落，军事效能越高，这种想法与"范式—传播"模式的逻辑是直接冲突的，后者认为取得胜利，或者至少生存下来的唯一方式，是模仿技术领袖。在这个例子中以及在其他情况下，军事效能并非趋同和同质化的产物，也不是理性学习或者选择性剔除适应不良的要素的结果，而是从分化和异质性中迸发出来的。这里并没有讨论葡萄牙人在巴西的经历，因为它肯定不能与西班牙人早期横扫一切的征服相媲美。[41]在相当于今天的智利这一地区生活的马普切人（也被称作阿洛柯人），让欧洲人止步海滨超过300年，他们的故事对这一问题有着启示意义。

由佩德罗·德·巴尔迪维亚（Pedro de Valdivia）率领的西班牙征服者从秘鲁来到智利，并于1540年建立了圣地亚哥（Santiago）。1550年，巴尔迪维亚向南推进，最初的进展与在墨西哥的征服模式相同。得益于他们的钢铁武器和盔甲、他们的训练方法以及对马匹的使用，一小队征服者成功地击败了大量的马普切军队，后者拥有很少的金属武器，而且受到天花和其他欧洲人带来的疾病的折磨。[42]西班牙人很快就把土地分给了自己人，他们发现了黄金，开始采矿，并开始通过奴役马普切人来提供必需的劳动力。然而，1553年，马普切人开始反抗，杀死（并吃掉了）巴尔迪维亚（他的继任者后来也被杀死并吃掉了）。在接下来的五十年里，征服者不断被击败，他们的大部分定居点和要塞被摧毁。到1600年，他们几乎退回到1550年的起点。马普切人随后越过安第斯山脉，并将西班牙人逐出了相当于今天阿根廷的四个省[丘布特（Chubut）、内乌肯（Neuquen）、拉潘帕（La Pampa）和里奥内格罗（Rio Negro）]所覆盖的地区。[43]随后，马普切人在与欧洲人的地方战争中让后者始终陷入困境，直至西班牙帝国土崩瓦解。直到19世纪60年代，一场种族灭绝运动才让马普切人屈服。

如何解释相较于印加人和阿兹特克人，马普切人的反抗为何会带来如此截然不同的结局？值得注意的是，直到19世纪，马普切人基本上还只使用他们自己的武器：弓箭、投石器、棍棒、套索和长矛，不过长矛倒是越来越多地装上了从西班牙长剑上拆下来的钢铁材料。[44]在战术方面，他们试图伏击和包围西班牙人，选择能削弱骑兵威力的阵地。在与欧洲人初次接触后，马普切人在几代人的时间内掌握了马的使用，这让他们成为高度机动的奇袭部队，实力与西班牙骑兵旗鼓相当。马普切人的社会也是一个分散型社会，只在战时才聚集起来，并没有一个易受攻击的脆弱的首都或政治中心。[45] 此外，西班牙的后勤系统始终非常糟糕。驻防的士兵甚至会吃掉绑在栅栏上的皮带，还把武器卖给敌人，以换取食物。[46] 马普切人的反抗既是军事上的，也是文化上的。信奉基督教或者试图与西班牙人讲和的人都会被处以死刑，而且马普切人自幼就为了战争而接受训练。尽管有连续不断的传染病侵袭，但马普切人的反抗从未停止。尤其有趣的是，在之前的假设中，不断的失败是学习和改革的动力，但欧洲人在这里显示出的创新性的匮乏却叫人吃惊："对于印第安人的战略和抵抗，西班牙人只见树木，不见森林。他们把失败的责任归咎到所有的事情上，就是不考虑印第安人本身。"[47]18世纪中叶，一位西班牙评论者痛心地说：

在很短的时间内，西班牙征服了美洲大陆上的三个强大的帝国，即秘鲁、墨西哥和波哥大，但自征服开始已经过去了190年，它依然没能以征服阿洛柯人（马普切人）来画上圆满的句号。无论是5000万比索的巨大花费、超过2.5万人的军队，还是在这片土地上泼洒的热血，都没能让西班牙人做到这一点，甚至在上个世纪，连国王都宣布这场战争可与在西班牙、佛兰德斯和意大利的战争相提并论。今天阿洛柯人依然占据着智利最肥沃的土地……（而且）独立地生活并享受着他们靠反抗得来的自由。[48]

那么，对遥远的北方的开发又如何呢？西班牙人在相当于今天美国的西南部和佛罗里达州这些地方再次被原住民的抵抗所阻止。[49]当地武装在16世纪末就开始使用枪械了，但是他们对马匹的使用以及由此带来的机动性更为重要。[50]

17世纪，英国人、法国人和荷兰人开始努力开拓自己的美洲帝国。他们面对的敌人远不如阿兹特克人和印加人强大，尽管欧洲的疾病对于当地人口产生了同样致命的打击，在这种情况下，就存在一个塑造美洲社会的非常标准的自然选择过程。如果用军事革命论解释欧洲人在格兰德河（Rio Grande）以北的扩张，会怎么样？我们会发现，这场扩张中同样没有从欧洲调集来的大规模军队，而且定居点主要是由一些持有某种特许证的私人团体夺取的。比如哈德逊湾公司，这一成立于1670年的商业股份公司，用两个世纪的时间占据了800万平方千米的广阔土地。荷兰西印度公司与西班牙人作战，与葡萄牙人争夺对巴西海岸的控制权，并在曼哈顿建立了新阿姆斯特丹殖民地。当地没有舰队和城市，这意味着海上力量在本地人与欧洲人之间的竞争中发挥不了什么作用，虽然内河运输肯定很重要。

对于欧洲人与美洲印第安人的战争，还有与东南亚原住民之间的战争，过去的观点强调的是仪式的重要性及低死亡率，这种看法如今受到了质疑。[51]像更南边的征服者一样，欧洲殖民者几乎没有机会使用由军事革命论定义的标准技术，比如齐射火枪、长枪方阵，以及冲击战术[1]中的骑兵猛攻。分散的定居者中没有多少受过这些战术训练的职业军人，而且不管怎么说，当地的地形情况也不适合实施这些战术。在茂密的森林里，美洲印第安人使用一种被欧洲人称作"潜行战争"的方式进行战斗，[52]基本上依靠伏击。[53]尽管后来枪械迅速被投入使用，但不像马匹的引入那样对平原地区的印第安人和西南地区的印第安人的战争或社会[54]产生革命性的影响。[55]要塞是欧洲人成功扩张的一项关键因素，但这里的要塞不需要抵御火炮，它们与大西洋对岸精心设计、复杂的锐角棱堡完全不同，除非它们被建造时考虑到其他欧洲力量的威胁。[56]至于毛皮贸易，则是欧洲人去相当于今天的加拿大地区的主要原因，欧洲人依赖美洲人为他们提供皮毛。[57]欧洲人统治大西洋沿岸的决定性因素，可能并非任何战术或技术上的巨大优势，而是人口数量，因为他们的人口数量激增，而疾病却给当地社会造成了损失。[58]与在亚洲和非洲的情况不同，欧洲人在人口数量上超过了当地居民。

虽然与西班牙征服者大不相同，欧洲人在北美洲的扩张仍然遇到了军事革命论解释不了的问题。技术在大部分情况下不是决定性的因素，而且最为重要的技术是"落伍"的技术，即钢铁武器和马匹，而非枪支。在布赖滕费尔德战役和其他三十年战争重要战役中运用的战术，在这里都没有用武之地。而参与美洲扩张的组织也并非中央集权国家的军事机

---

[1] **冲击战术**：又叫冲击攻击，是一种进攻策略，即迅速、全力以赴地推进军队，给敌人施加巨大的心理压力，迫使他们的战斗人员撤退。——编者注

器，而是私人冒险队伍和特许公司。而且，由于参与者的数量非常少，可以说对他们本国政府和社会的财政和行政影响微乎其微。

## 非洲和葡萄牙人

我们已经将大量的注意力放在了新大陆的西班牙征服者身上（如果说不是放在了后来阻碍征服者步伐的抵抗之上的话）。哈西格评论道："我怀疑是否存在比埃尔南·科尔特斯留下的足迹更深的足迹。"[59] 相较之下，葡萄牙人和其他欧洲人在北非和撒哈拉以南非洲的扩张被忽视了。[60] 这种选择性地把目光投向西方的胜利而非失败（社会科学家称之为"对因变量进行选择"）的态度，是一种典型的结果导向的态度，因为西方"最终"赢了，所以其胜利展现了历史进程的自然秩序，而失败则是对基本趋势轻微的、反常的偏离。从19世纪的结局和西方人的统治去回溯早先的历史，[61] 或者把大西洋彼岸征服者占据支配地位的印象呈现出来，[62] 这两种倾向常常会扭曲我们对近代早期欧洲人与非洲人之间的关系本就不多的认知。

因为不符合欧洲胜利的传统叙事，就无视一个大陆数个世纪的历史，这是放弃对过去的正确解读，这不是从证据导出结论，而是根据结论来选定证据。审视胜利的同时却无视失败，这就意味着不可能理解成功与失败的真正原因。对于那些认同西方军事优势论的人来说，鉴于撒哈拉以南的非洲技术落后并因此在军事上处于劣势，非洲人成功遏制了西方的扩张是一个重要的反常现象。[63] 许多学者坚持认为，就算将美洲人易受新型疾病侵袭，以及疾病对他们社会造成的伤害考虑在内，西班牙的征服依然是西方拥有军事优势的有力证明。如果以上观点成立，那么忽视非洲人的抵抗就不合理了，因为在非洲这个环境中，流行病的杀伤力没有那么强。进一步说，如果欧洲人能够在美洲、南亚及其他地方成功地利用本土盟友和士兵离间和征服当地人，为什么在非洲就不起作用？

鉴于非洲的历史在这个背景下长期被忽视，我们在此将把它置于一个显著的位置。我首先研究葡萄牙人与非洲大西洋沿岸，尤其是与安哥拉之间的互动，接着将把目光转向东非的斯瓦希里（Swahili）海岸，之后再把分析结果与军事革命论的主要元素进行比较。至于北非（将在第三章进行讨论），欧洲国家在此投入了比他们的远征多得多的人力与财富。比如1578年的阿尔卡萨基维尔之战，1.8万葡萄牙大军（比派往东方或美洲的任何军队规模都要大）在摩洛哥全军覆没，这场战役造成了葡萄牙国王和大部分贵族阵亡，摧毁了该国的财政，并促成了西班牙对葡萄牙的成功入侵。

前面提到了，从欧洲征服者的视角来看，自15世纪到19世纪中期，西方在海外占据了直接的、压倒性的支配地位。与这个观点完全不同的是，在这四个世纪里，欧洲和非洲的关系通常建立在一个相对平等的基础上，或者是欧洲人处于从属地位。甚至奴隶贸易也证实了这一点。欧洲奴隶贩子要么被限制在沿海的小型贸易站里，要么只能在他们的船上做生意。生意的地点和性质都由供货的非洲当地政权或者当地中间商决定。例如，在这几百年里，葡萄牙人和其他欧洲人是"或多或少是在非洲统治者的默许下"，才得以在几内亚海岸维持他们的小型贸易站。[64]

从15世纪40年代晚期，葡萄牙人开始从大西洋沿岸的几内亚一路南下，于15世纪80年代抵达非洲南端。这些航行的动机是寻找盟友和资源来对抗伊斯兰力量。[65]这种地缘政治上的迫切需要，尤其是寻找传说中的非洲基督教国王"祭司王"约翰（Prester John）并与之结盟的雄心，在16世纪葡萄牙人建立印度洋要塞网络的过程中始终是重要的动力。从1456年开始，在最初登陆被击退后，葡萄牙人改变了策略，派出使者与诸多非洲统治者达成和解，而这也成了他们在接下来数百年中与非洲统治者打交道的指导原则。虽然偶有传教士深入非洲内陆，葡萄牙人和其他欧洲人对于非洲的干预仍基本集中在海岸（及岛屿）上。而欧洲人在非洲内陆的商业和政治目标，也是通过对非洲本土组织和政权的扶植实现的。下面将讨论葡萄牙人自16世纪开始对安哥拉进行殖民统治的努力，这是上述情况仅有的例外。

## 葡萄牙人在非洲大西洋沿岸

虽然葡萄牙人并没有找到"祭司王"约翰，但是他们在中非的确取得了早期重要的外交胜利。他们接触了刚果王国，并成功地令该国国王接受洗礼。这位国王在1491年皈依基督教之后被称为若昂一世（João I），他与葡萄牙结成同盟。在接下来的六十年里，超过六百人的葡萄牙军队协助刚果国王镇压各种叛乱和对付本土敌人。葡萄牙人提供的支持有一定作用，但没有起到决定性作用，而且他们是在刚果统治者的指挥下行动，并不是扮演征服者的角色。16世纪70年代，葡萄牙人进行了更为深入的干预，他们帮助国王阿尔瓦罗（King Alvaro）重登刚果王位。作为回报，阿尔瓦罗向葡萄牙国王宣誓效忠，尽管这种誓言的实际意义往往是不明确的。[66]

1575年，葡萄牙人从地处今天安哥拉宽扎河（Kwanza River）河口的卢安达（Luanda）开始，首次尝试全面殖民。与欧洲人在其他地区"征服"的方式相似，葡萄牙人首先试图利用当地人之间的敌意。他们诱使当地次一级的统治者叛逃到自己这边，并让他们执行大部分战斗。这些当地首领宣誓效忠葡萄牙国王，并且承诺在未来提供协助。作为回报，这些非洲盟友可以扩大他们自己的领地，并随心所欲地进行治理。由于葡萄牙人最初的目标是主要非洲王国外缘的海岸地区，所以他们并没有受到该地区最为强大的两个政权刚果和恩东戈（Ndongo）的反抗。1589年，葡萄牙人孤注一掷，对恩东戈王国的核心地带发起了直接攻击，结果溃不成军，他们的非洲附庸和盟友也弃他们而去。在17世纪，葡萄牙人再次试图利用内战和外国入侵的机会征服恩东戈和刚果，结果战斗不是陷入僵局，就是以葡萄牙人的彻底失败而告终。1641年，刚果人证明了分而治之的策略并非欧洲人的独门绝技，他们以许可开展利润丰厚的奴隶贸易为条件，请求荷兰西印度公司进攻葡萄牙人。虽然荷兰人和刚果人很早就夺取了卢安达，但经过七年胜负未分的战斗，葡属巴西的救援让荷兰人放弃了努力。17世纪末，葡萄牙人放弃征服，转而专注于维持沿海和沿河的前哨，以及从奴隶贸易中获利。而后来葡萄牙新的扩张行动直到1857年才开始。[67]18世纪发生的战争主要是葡萄牙人旨在提高其在奴隶贸易中的份额的惩罚性战争。[68]

## 葡萄牙人在东非

自瓦斯科·达·伽马第一次航行到印度后，东非的斯瓦希里海岸就成了葡萄牙人远程亚洲的关键中转站。不仅如此，对于葡萄牙人的帝国愿景来说，该地区本身就非常重要。葡萄牙人在东非没有像在安哥拉那样同心协力，他们征服远离海岸的大片领地的努力，在疾病和军事对抗的共同作用下尽数落空，留下来的只有一些沿海的贸易基地。统治斯瓦希里海岸（大致相当于今天的莫桑比克、坦桑尼亚和肯尼亚的海岸）的是穆斯林的苏丹城邦，这些城邦混合了阿拉伯文化和班图文化。[69]葡萄牙人的生意既深入非洲内陆，又跨越了印度洋。尽管总体上对穆斯林充满敌意，但葡萄牙人再次试图通过插手当地的矛盾来争取盟友。由于这些滨海的小城邦依赖海上贸易，比起非洲大西洋沿海地区的土著政权，它们更易受到葡萄牙人在整个印度洋（我们将在印度洋的部分讨论）实施的策略的影响，包括从海上进行炮击、封锁和勒索保护费。[70]

在1498年与马林迪苏丹（Sultan of Malindi）结盟后，葡萄牙人在接下来的几十年里得以成功地突袭并强占了沿海其他的一些苏丹国。"从根本上说，葡萄牙希望迫使斯瓦希里本土统治者效忠并交纳贡赋。然后，这些原住民和该地区的商人就被允许继续交易葡萄牙人指定的货物，但是不能碰他们（葡萄牙人）宣布垄断的货物。"[71]后来，葡萄牙人在蒙巴萨（Mombasa）建造了一座星形要塞，以吓阻自16世纪末开始出现的奥斯曼帝国海军。[72]这一次，葡萄牙军队又是小规模的，一般由数百人组成，从未超过2000人。[73]与之相对，1538年奥斯曼帝国在阿拉伯海和印度洋上最强大的舰队由近万名士兵和水手及72艘战舰组成。自15世纪明帝国的远征之后，这是世界上规模最大的舰队了。[74]

尽管葡萄牙人的军事战略总体上是海洋导向型的，但他们也试图在内陆征服黄金产区——沿海地区的黄金就来自这些地区——希望可以再现西班牙人在美洲的辉煌胜利。1570年至1575年，葡萄牙人在赞比西河上游进行了一次探险，从津巴布韦高原寻找黄金，这是葡萄牙在非洲发起的规模最大的军事行动之一，动用了1700人的部队。[75]葡萄牙远征队在赞比西河沿岸建立了一个据点，却饱受疫病和军事失利的困扰。

迈克尔·N. 皮尔逊（Michael N. Pearson）[1]这样评价葡萄牙人的内陆征服战略："这是致命的一步棋，因为他们的优势本质上来自他们装在船上的大炮。他们在陆地上并没有什么特别的优势，即使面对装备简陋的绍纳（Shona）战士也一样。"[76]这次远征是一场惨痛的失败。因此，虽然葡萄牙人努力利用非洲当地政权的继承纷争，但直到17世纪末，葡萄牙人的势力依然局限在其沿海的飞地和赞比西的前哨，不过葡萄牙克里奥尔人的非正式定居点得以大大扩展。[77]在17世纪后期，阿曼苏丹成功地实施了一项海上战略，突袭葡萄牙人的定居点并重创其舰队。1698年，在当地合作者的协助下，一支由3000人组成的强大军队成功地围攻下了葡萄牙人在蒙巴萨的星形要塞，阿曼人的掠夺达到了顶峰。[78]

## 非洲人、葡萄牙人和军事革命

在很多方面，葡萄牙人在安哥拉和东非斯瓦希里海岸的经历与西班牙人在墨西哥和秘鲁的经历自然形成了对比。和他们的伊比利亚邻居在美洲的所为一样，葡萄牙人始终试图利用原住民之间的敌意以及当地的混乱，来扶植之后可以作为附庸并臣服于自己的盟友。但是，葡萄牙人无论是在外交行动还是军事行动上都没有取得同等的成功。为什么呢？一个突出的因素

---

[1] 迈克尔·N. 皮尔逊：澳大利亚新南威尔士大学荣休教授、著名历史学家，主要研究殖民扩张时期的南亚和葡萄牙的历史。——编者注

是疾病：传染病的影响在这里发生了翻转，非洲没有发生与美洲类似的灾难性的人口缩减和社会崩溃，反而是欧洲人及其牲畜在这方面处于不利地位。但正如前文所讨论的，如果学者们可以从军事问题的角度解读欧洲人在美洲的成功，那么即使不考虑疾病的重大影响，他们也没有理由说不能从同样的角度研究欧洲人在非洲的失败。尤其是因为"尽管安哥拉的疾病环境与欧洲的不同，而且热带疾病也造成了欧洲士兵的死亡，但葡萄牙人的失败通常是严格意义上军事上的失败"[79]。谈到疾病因素，另一位历史学家提出强烈批评："如果这些自然障碍不存在，西方的技术优势就可以确保欧洲向（非洲）内陆扩张，甚至可能将向内陆扩张的时间提前到15世纪末……但是，经过仔细的研究，我们可以发现，似乎至少在近代早期，欧洲在非常少的情况下拥有巨大的，或者说非常重要的技术优势。"[80] 从某种意义上说，与欧洲人在美洲的活动相比，欧洲人在非洲的活动能够更好地检验军事力量的对比，因为欧洲人在美洲的成功是由多种因素决定的。同样重要的是，葡萄牙人的失败推翻了帕克的观点。帕克认为，欧洲人凭借技术优势能轻松实现对非洲的统治。[81] 事实上，首先，技术没那么重要；其次，武器和专业知识的交易和转让，缩小了技术上的差距。"错误的"结果展现出的是残酷的现实：欧洲人的征服事业失败了。那么，还有什么是符合军事革命论的呢？

无论是顺着非洲大西洋沿岸探险航行的日益增多，还是后来远东地区葡属印度（*Estado da India*）的快速发展，都充分证明葡萄牙王室在扩张活动中扮演着重要的角色，这与西班牙冒险家征服者，以及后来的荷兰人、英国人和其他人设立的特许公司形成鲜明对比。也有一些例外：资助葡萄牙远征的常常是私人资本，而且有时候商人会以国王的名义拥有探索特定区域的临时权力。王室为私人探险和殖民活动提供临时拨款，这些活动通常由下层贵族领导，但是只要早期的投入有了成果，王室就会立即任命一位正式的首领或总督，对果阿或者直接对里斯本负责。[82]与同时代的其他对手不同，葡萄牙国王从来没想过雇用佣兵或是当地非正规军。但这些例子并不能改变葡萄牙国王与近代早期其他君主迥然不同的整体形象，葡萄牙国王对海外远征和领地的控制更为直接（或者说至少他们试图这样做）。[83]"葡萄牙人在东方的投入与西班牙人在美洲的投入不同，因为葡萄牙人的扩张是由政府主导的，是以持续的脑力、人力和财富投入作为保障的。"[84]从表面上看，葡萄牙尝试建立中央集权制经济的思维模式，似乎让它成为验证军事革命论的更好候选者，而政府加强中央集权的同时私人力量逐渐衰弱，似乎确实佐证了这个论点。

葡萄牙人最初确实是靠着海上力量抵达非洲海岸的，但除此之外，远洋船只在大西洋沿岸并没有起到什么作用，尽管葡萄牙人的内河船只在向内陆运送补给方面十分重要。在靠近大西洋海岸的地方，葡萄牙人的登陆尝试多次被挫败。沿海的河口对于远洋船只来说太浅了，葡萄牙战舰附载的大划艇在此处不敌当地人的划桨船。[85]非洲人的毒箭在驱逐入侵者方面更是有奇效。[86]在斯瓦希里海岸发生的则是一个完全不同的故事，葡萄牙海军的大炮在震慑贸易城邦方面非常有效。

但在这里，葡萄牙人的海军优势也在之后的海上竞争中被阿曼人打破，后者的战术是让穆斯林水手驾驶并使用西式船只。这场持续百年的竞争自17世纪40年代就开始了。[87]因此，除了在阿曼人抵达之前，对东非的斯瓦希里港口小国施以炮击之外，海军优势从未转化为葡萄牙人在非洲的制胜关键。

要塞和陆基火炮在非洲也发挥不了什么作用，依然只有在斯瓦希里海岸算是例外。如果没有驮畜，火炮极难跨河移动，而驮畜在疫病面前又不堪一击。葡萄牙人在卢安达的基地被保护得最好，因为此地远离主要敌人的权力中心，敌人在发动攻击时面临着后勤上的重重困难。阿曼人在当地非洲人的协助下，经过自1696至1698年[88]长达两年的围攻，成功夺取了葡萄牙在非洲最坚固的要塞——蒙巴萨的耶稣堡（Fort Jesus），由此攻占了桑给巴尔（Zanzibar）和相当于今天的肯尼亚的沿海地区。

葡萄牙人和非洲人在战场上都使用了类似的战术，但出现这种相似性似乎是一种巧合，并非有意的模仿或理性学习的结果。葡萄牙发展出密集阵列这种战斗方式来对付骑兵，而撒哈拉以南非洲的大部分地区并没有骑兵。非洲人和葡萄牙人在非洲的军队，都把配备长剑或战斧的重装步兵置于阵列的核心区域，将轻装弓箭手部署在两翼。战斗开始时使用的是远程火力对射，在最早的时候用的还是长弓和十字弓。丹尼尔·R.黑德里克（Daniel R. Headrick）[1]最早提出"火药

---

[1] 丹尼尔·R.黑德里克：美国历史学家、作家，主要研究国际关系、技术和环境的历史。——编者注

武器在安哥拉起的作用甚至还没有在美洲的大"[89]，但随后在18世纪，欧洲人和非洲人都转而更大规模地运用火枪和小规模战斗。[90]战斗的成败取决于重装步兵的对抗结果（由于马匹不能抵抗当地的疾病，所以没有骑兵）。葡萄牙军队的规模一般为数百人，加上数千名非洲士兵，而他们的对手，比如刚果，可以在战场上投入的士兵多达2万人。铁甲与铁剑赋予葡萄牙人的力量远比人数优势更重要，但他们在大西洋沿岸的非洲地区还是负多胜少。尽管葡萄牙人在16世纪中叶成功地补充进了埃塞俄比亚军队，但他们在东非还是很少获得胜利。[91]在早期，由于战斗主要是近身作战，火枪起不了决定性作用，但到了后期，非洲人在火枪方面也可以勉强抗衡葡萄牙人。总而言之，当谈到技术和战术时，葡萄牙人在非洲的扩张依然不能对验证军事革命论的要素提供多少支持。在非洲的每一个地区，外交和后勤在决定战争结果方面比任何狭隘的战场动态都重要得多。从总体上来看，无论是贸易、战争还是政治，欧洲人都更依赖非洲人，而非相反。

## 从中东到中国

从某种意义上说，在讨论是不是军事革命使近代早期欧洲的扩张成为可能时，印度洋地区是争论的焦点。与在美洲或非洲不同，在印度洋地区，疾病对各方造成的影响大致相当；在该地区的大部分地方，各方的技术水平也大致相当。

在葡萄牙人到来之前，这里就已经开始使用火药武器了，更不用说钢铁武器和骑兵了。本地势力如萨非[1]波斯人和莫卧儿人缔造了强大的帝国，而就算是一些东南亚的较小政权，也拥有与葡萄牙和荷兰相当甚至更多的人口。92 最早是葡萄牙人于16世纪来到这一地区，荷兰人和英国人在17世纪接踵而至，他们分别在印度洋地区创建了帝国。帕克等学者将这一事实视作军事革命论的确凿证据，尤其认为其构成了西方军事效能的社会和政治基础，尽管欧洲人在这一地区并不具备任何普遍的技术优势。正如一位历史学家所说："摩洛哥人、奥斯曼人、古吉拉特人、缅甸人、马来人、日本人、中国人和无数其他民族也都有枪炮、病菌和钢铁，那么隐藏在欧洲崛起背后的到底是什么呢？"帕克对伊斯兰帝国和东亚做了重要区分。他认为，与穆斯林政权不同，中国、日本和朝鲜凭借着先进技术和中央集权的财政—军事国家，直到19世纪之前都不受西方威胁的影响。然而，本章与下一章将要揭示的是，欧洲人在印度洋和东亚表现出更多相似之处：在这两个地方，欧洲人要想维持势力，都要向比他们强大得多的亚洲帝国表示顺从和臣服。

这一部分将考察葡萄牙在亚洲的情况。葡萄牙在16世纪的头几十年里以非凡的速度建立了一个从东非到日本的广阔的海上网络，他们首先寻求海上的平衡，然后再考虑他们在陆地上的军事利益。

---

[1] 萨非：波斯人建立的统治伊朗的萨非王朝，是继阿契美尼德王朝、帕提亚帝国、萨珊王朝以来，第四个完全统一伊朗东西部的王朝。——编者注

## 葡萄牙人在海上

驱使葡萄牙人绕过好望角前往东方的部分动机，是他们长久以来一直在寻找基督徒盟友，以期对盘踞在圣地的穆斯林发起大规模的钳形攻势。[93]葡萄牙国王胸怀基督徒的千年大志：摧毁伊斯兰圣地，夺回耶路撒冷，促使基督再次降临。葡萄牙人的次要的、更为世俗的目标则是控制香料贸易。这不仅能带来丰厚的资金，以资助各种类似十字军东征的冒险，还能避免这笔财富落入穆斯林（还有与他们"合作"的威尼斯人）手中。葡萄牙人最初对印度西海岸的小政权采取了与在东非类似的手段：寻找当地存在的内部分歧和敌对关系，与看起来更容易妥协的一方结盟。1510年，他们迅速占领了果阿，并将它作为基地。在印度教盟友的帮助下，他们才得以正面抵抗住当时的统治者穆斯林苏丹的反击。[94]在之后的四百五十年里，果阿一直是葡属印度的首府，总督在此接收来自里斯本的命令，再将其传达给各殖民地长官和首领。

在阿方索·德·阿尔布开克（Afonso de Albuquerque）的领导下，葡萄牙人采取的战术是夺取该地区横向和纵向的海上要冲。[95]继1507年拿下阿拉伯半岛上的马斯喀特（Muscat）后，阿尔布开克的军队又在1511年夺取了马六甲（Malacca），该城比当时任何一座欧洲城市都要大，是连接东亚和印度洋的重要转口港。[96]在这次行动中，由18艘船和1100名军人组成的葡萄牙小型军队击败了苏丹的2万人大军，后者还包括一群战象。西方人能够再次取得这种出人意

第一章 伊比利亚的征服者与恳求者 75

料的胜利,很可能是因为苏丹的错误估计,他以为这些侵略者不过是掳掠一番就会离开。[97]然而,事实上,欧洲人留了下来,还在最大的清真寺旧址上建了一座雄伟的要塞。这次征服带来了一项意想不到的结果,由于马六甲苏丹国是中国皇帝的朝贡国,这使得葡萄牙人争取对华贸易权的行动变得更加复杂了。1515年,葡萄牙人在印度洋另一端的波斯湾夺取了霍尔木兹(Hormuz),并再次筑起了要塞,不过他们没能拿下亚丁。在接下来的几十年里,葡萄牙人放缓了扩张的步伐,但也在香料群岛(摩鹿加群岛)和印度海岸开辟了新的站点。虽说并不是所有关于葡萄牙人的赞美都名副其实,但在短短几年之内,运用只有16世纪军事水平的小型部队夺取5000千米之外的目标,确实是令人震撼的壮举。

1509年,在古吉拉特邦第乌(Diu)附近的一次海战中,穆斯林合力将葡萄牙人逐出该区域的早期尝试遭遇了挫败。[98]由18艘船、1500名葡萄牙士兵和400名华人—印度人盟军组成的葡萄牙军队,对抗的是一个难得一见的联盟:不习惯海战的埃及马穆鲁克军队,在奥斯曼人和威尼斯人(他们担心葡萄牙人会威胁他们对香料贸易的控制)的援助下,与古吉拉特和卡利卡特(Calicut,正是瓦斯科·达·伽马在印度首次登陆的地方)的印度统治者并肩作战。这场战役非常符合军事革命论的描述。葡萄牙人无论是在人数上还是在拥有的船只数量上都远远少于对手。埃及—奥斯曼舰队的桨帆船在火炮装配的数量和口径上都不如葡萄牙人的,印度人的阿拉伯帆船更是不值一提。葡萄牙人可以在更远的地方向敌舰开火并将其击沉，他们的船只不仅拥有更强的火力，而且为了适应大西洋恶劣的条件，被建造得更坚固。[99]除此之外，葡萄牙船只比对手的船只更大，船舷更高，因此他们的对手难以通过接舷战来发挥人数优势。与更强的逆风航行能力一样，口径更大的火炮和更坚固的船体结构，在西方对亚洲对手的以少胜多的海战胜利中被反复提及。[100]然而，需要注意的是，当时的葡萄牙战船与几个世纪之后欧洲海军标准战船那样的侧舷火力战舰不一样，他们当时的火炮装在甲板上，而且发射的是石弹而非铁弹。[101]

葡萄牙规模最大的海军行动很可能也是他们最不成功的行动，他们试图在红海中杀出一条血路，进而摧毁伊斯兰圣地。[102]面对葡萄牙人在印度洋地区集结的最强大的舰队，马穆鲁克以及在1517年击败马穆鲁克并吞并其领土的奥斯曼人，利用他们的桨帆船舰队，在1513年、1517年和1541年都取得了防御战的胜利。[103]虽然在一些学者看来，桨帆船就是落后的代名词，[104]但事实证明在浅水区作战时，它们比远洋船只更具优势。[105]此外，随着位于北苏门答腊的亚齐（Aceh）苏丹国的海军力量日益强大，穆斯林在16世纪中期得以通过马尔代夫重新打开通往红海的香料贸易，从而挑战了葡萄牙人对这一贸易的垄断。[106]随之而来的王室收入的减少，直接导致了葡属印度在16世纪末军事力量的衰退。[107]这个问题的严重性可以从1518年葡萄牙国王于香料贸易中获得的收入远超葡萄牙本土的所有收入这一事实中看出。[108]

自17世纪中叶起，葡萄牙人的西翼受到了阿曼苏丹的严重威胁。我们在前面提到过阿曼苏丹成功地夺取了葡萄牙人在斯瓦希里海岸的要塞。而在1650年将葡萄牙人从阿拉伯半岛上的马斯喀特逐走后，阿曼人又荡平了葡萄牙人在西印度的几块领地，其中包括第乌和孟买（Bombay）。他们还用一支由50多艘大型火炮船和1700名奴隶水手组成的舰队，展开大规模的商业掠夺。[109]

还有一个西方船只被亚洲舰队击败的重要例子是1521年至1522年间发生在葡萄牙人和明朝军队之间的战斗，托尼奥·安德拉德（Tonio Andrade）[1]对此做了细致的分析。[110]葡萄牙人迫使中国开放贸易的努力走错了方向，导致双方在广州湾爆发战斗。在第一次战斗中，有赖于更为先进的火炮，5艘葡萄牙战船成功地抵挡住了规模大得多的中国舰队，但西方人面对火船进攻，依然不得不选择撤退（一场突如其来的风暴让葡萄牙人得以脱逃，他们将这视作上帝回应其祈祷做出的干预）。[111]在第二年的第二场战斗中，一支规模更大、配备了先进得多的火炮的中国舰队漂亮地击败了葡萄牙人，后者损失了两艘战船。[112]托尼奥·安德拉德推断，"这表明中国人已经学会并适应了"[113]，他还将此视作促使中国成功缩小与西方大炮差距的转折点。但是，在这次冲突中，中国火炮更多的是轰击人而不是摧毁战船，尤其是考虑到两次战斗间隔不过一年，这一结果似乎只是反映了中国舰队的作战能力得到了加强，而非理性学习了葡萄牙人军事装备的

---

[1] 托尼奥·安德拉德：研究东亚历史和东亚贸易网络历史的历史学家。——编者注

优势并加以创新。

单独的葡萄牙船只可以轻易地击败亚洲商船和海盗，这是一项重要的优势，使葡萄牙人可以授权第三国商人在国王宣称拥有主权的海域航行，从而在西印度洋上建立起他们的"通行"体系。[114]葡萄牙的海洋统治地位在极大程度上得益于以下事实：印度洋地区的主要国家并不拥有海军。更进一步说，得益于这样的事实：由于文化倾向，这些帝国对于海洋贸易没什么兴趣，而且他们的财政基础也主要在陆地上。[115]这即使对于岛屿众多的日本来说也同样适用。[116]一位锡兰统治者表达了同样的观点："若基督徒是海洋的主人，那么我就是陆地的主人。"[117]而在莫卧儿帝国和葡萄牙之间，也有类似的利益互补："两大帝国在利益互补的基础上，发展出了互惠互利的关系，这两大帝国一个是陆上帝国，一个是海上帝国。"[118]双方都意识到，莫卧儿帝国在这段合作关系中是更为强大的一方。[119]阿尔布开克在向葡萄牙国王解释葡属印度的地位时这样写道："如果葡萄牙在海上受挫，没有这片土地上的国王的容忍，您的印度属地没有办法多支撑一天。"[120]故总而言之，"欧洲人在亚洲秩序的边缘苦苦寻求一个位置"[121]。

虽然葡萄牙的海军实力不完全是一个神话，但它还是遭遇了一些重大的考验和失败：奥斯曼帝国和明帝国分别在红海和中国南海取得了防御战的胜利，亚齐人成功地打破了葡萄牙人对海上香料贸易的垄断，并且从1650年开始，阿曼在西方人发起的海上掠夺游戏中不断地击败葡萄牙人。亚洲强国展示了相当强大的海军力量投射能力，阿曼远征斯瓦希里海岸，奥斯曼帝国远征印度，明朝初期在15世纪派出印度洋舰队，日本在16世纪90年代对朝鲜发动大规模入侵，这些行动的规模之大，没有任何欧洲国家可以匹敌。明帝国的印度洋舰队配备了约2.6万名水手和士兵（差不多与1588年的西班牙无敌舰队规模相当），而1592年入侵朝鲜的日本侵略军有16万人。[122] 葡萄牙的海军力量没有改变葡属印度对亚洲陆上帝国的依赖，而看待葡萄牙的海上霸权也必须将其置于这样的背景下：亚洲强国都没有选择维持海军。尽管在个别例子中，葡萄牙的要塞受到了许多挑战，但直到1600年欧洲竞争者到来之前，葡属印度从未面临过跨太平洋的海上协同攻击。因此，K. N. 乔杜里（K. N. Chaudhuri）[1]得出的结论是，葡萄牙人在海陆两方面取得胜利，"主要是因为（亚洲）统治者在当时没有动机用强大的军队保卫其贸易港口……当时，无论是印度、中东还是中国，没有一个强大的亚洲大国认为葡萄牙人会对现有的力量均衡产生严重威胁"[123]。

## 葡萄牙人在陆地上

虽然葡属印度主要是一个海上王国，但海港和要塞依然是其势力网络的重要节点，需要去夺取和守卫。葡萄牙军队

---

[1] K. N. 乔杜里：印度裔历史学家、作家，英国国家学术院和欧洲科学院成员。他的首部专著《英国东印度公司：一个早期股份制公司的研究（1600—1640）》被认为是东印度公司研究方面的开创性作品，此后他又出版了数部关于东印度公司和印度洋历史的专著。——编者注

在多大程度上符合后军事革命时代的新式欧洲军队模式？通常来说，军队规模非常小这一点是符合的，因为葡萄牙军队很少超过1000人。如前所述，这些军队是由国王供养的，而不是像美洲的西班牙人那样由冒险家临时组建的公司提供资金，军队的士兵也不是荷兰和英国的东印度公司那般被特许拥有"主权"的公司的雇员，而这两国的东印度公司的实力在17世纪大大超过了葡萄牙军队。与军事革命论的目的论（认为事物的发生和发展都是为了达到一定目的）相反，"近代"国家垄断的武装力量被私人性质的武装集团击败。[124]

葡萄牙人对锡兰康提（Kandy）拉贾[1]发动的战役，是他们在亚洲为数不多的征服领土的尝试。[125]葡萄牙人先后在1594年、1630年和1638年发动战役，然而三次都以灾难性的失败而告终，每一次葡萄牙军队都遭遇伏击而全军覆没，指挥官也被杀死。康提军队最终联合荷兰东印度公司，将葡萄牙人赶出了锡兰岛。[126]在安德鲁·维尼乌斯（Andrew Winius）[2]的描述中，葡萄牙人乐于正面冲锋，其追求发挥个人勇武的举动与职业军人的风格相去甚远。[127]此外，按照欧洲标准，他们的武器也非常原始，除了火枪，他们更常使用长剑、盾牌、半长矛和盔甲。[128]康提军队不像葡萄牙人一样拥有火枪和盔甲，他们的装备是弓箭和长矛，所以他们倾向于避免正面攻击。[129]与葡萄牙人的作战方式相反，康提军队利用多山和森林的地形，通过伏击和袭击补

---

[1] 拉贾：印度对于首领的尊称。——编者注
[2] 安德鲁·维尼乌斯：俄罗斯政治家，彼得大帝的朋友。——编者注

给线来攻击葡萄牙人，直至后者精疲力竭并且在数量上寡不敌众，此时便可乘机将他们击溃。在许多方面，康提军队也很擅长切断葡萄牙人与其当地盟友和助力之间的关系，这些人通常在葡萄牙人部署的部队中占很大的比例。不过由于缺乏火炮，康提军队无法利用切断补给的方式来围困、夺取葡萄牙人建在海边的要塞，[130] 所以康提人先是试图与丹麦东印度公司合作，在早期的推进毫无结果之后，他们最终转而与荷兰人结盟。[131]

在政治分裂的环境中，葡萄牙人在夺取和守卫沿海要隘方面要成功得多。在这里，他们凭借先进的船只和通过海路输送增援的能力占据优势，这种能力通常被认为得益于拥有更好的火炮（尽管各种火炮的性能差距很小），以及在近身战中采取更具优势的紧密阵形。这带来了一些辉煌的胜利，比如他们在1511年夺取了马六甲。[132] 然而，有点讽刺的是，帕克一方面认为葡萄牙人成功地推动了第一波扩张，另一方面也不得不承认他们基本上"像街头帮派一样毫无章法地"战斗，[133] 而且直到17世纪末之前，没有欧洲人在南亚战场上使用军事革命的战术。[134]

那些认为西方因军事革命而崛起的人提到了要塞的重要作用：这些要塞让葡萄牙人和其他欧洲人在面对数量上通常占绝对优势的东方敌人时得以保住他们零散的领地。[135] 但这又带来了新的问题。在欧洲，保卫星形要塞据说需要"前所未有地集中人力和弹药"。比如，据说荷兰人被迫增派数万人驻守这些要塞；[136] 由此，日益扩大的军队带来的无法回避的压力,才成了军事革命论的重要组成部分。但是,至少在欧洲人进入亚洲的最初的 250 年里,无论是葡萄牙人还是其他欧洲人,都没有拥有过规模如此之大的军队。实际上,帕克也注意到,大部分葡属印度的要塞不是按照近代的锐角棱堡样式建造的。[137]

欧洲人在 16 世纪最初几十年取得的扩张成绩,如果说是军事革命成果的明显体现可能太早了。西方军事进步的步伐日益加快,以及西方与其他文明之间的差距日益拉大,要到 17 世纪才会显著地呈现出来。但至少就葡属印度而言,几乎没有这种差距扩大的迹象。恰恰相反,随着时间的推移,葡萄牙人的运势每况愈下。

如上所述,葡萄牙人征服锡兰内陆的尝试遭遇了挫败,而且在阿拉伯和东非地区也丢掉了要塞。1683 年,果阿差点儿就被印度马拉塔联盟的军队攻陷,是依靠一支 10 万人的莫卧儿帝国大军的帮助才得以幸免(随后莫卧儿人要求得到相应的报酬)。马拉塔人使用南亚传统的轻骑兵部队,在 1737 年至 1740 年的战争中大败葡萄牙人。他们通过包围战术成功地攻下了瓦赛(Vasai)的一座星形要塞,又迫使葡萄牙人在焦尔(Chaul)放弃了第二座要塞并支付巨额赔款,这让葡属印度走到了破产的边缘。即使从欧洲得到大量增援,让葡萄牙人发动一次反攻也是不现实的。[138] 可以说,相对于他们在亚洲和非洲的对手,葡萄牙人之所以没表现出多少进步,是因为葡萄牙在近代早期的大部分时间里都没有参与欧洲的战争,所以不受竞争压力的影响,也缺乏在实践中学习的机

第一章 伊比利亚的征服者与恳求者

会（与西班牙不同）。然而，威廉·H. 麦克尼尔（William H. McNeill）[1]、霍夫曼和其他主张军事优势推动欧洲扩张这一观点的学者，都将葡萄牙人的扩张作为支持他们观点的主要的证据来源之一。不过，似乎在许多情况下，亚洲人不仅缩小了与葡萄牙人之间的差距，还在两个世纪的交战中战胜了他们。

## 结论

以上证据表明，军事革命论并不太适用于西方人在印度洋地区的扩张，正如它不适用于欧洲人在美洲和非洲的扩张，二者的原因是一样的。参与扩张的西方军队规模很小，反映出近代早期欧洲国家没有能力持续跨洋运送军队。人数少，依赖当地盟友，需要适应当地条件，这几个要素组合起来，意味着军事革命中的经典战术显然又一次无迹可寻。葡萄牙人和其他欧洲人在陆战中并不占据任何决定性的技术优势。尽管他们在火炮和要塞方面拥有优势，但这些优势微不足道。（在下一章中，我们将讨论18世纪40年代之后法国和英国在印度的战役，这是欧洲军队第一次在印度运用与欧洲大国战争中相同的战术。）在海上，新式舰船和航海技术使欧洲人在往返亚洲时发挥了关键作用，而且他们的战船在开阔

---

[1] 威廉·H. 麦克尼尔：著名历史学家、作家，芝加哥大学罗伯特·密立根杰出历史荣休教授。他认为不同文明之间的接触和交流是推动人类历史前进的动力，这一观点首先在《西方的兴起》中提出。——编者注

海域上的表现无疑更好。然而，这种海上优势依然受到严重的战术和战略限制，并受限于在该地区的西部和东部边缘发生的力量翻转，以及在极其重要的香料贸易上的力量翻转。

然而，若不是凭借他们强大的近代陆军和海军力量，欧洲人又是如何在近代早期主宰印度洋和亚洲的呢？最为简要的答案是他们没有做到，就像他们在19世纪晚期之前并没有主宰非洲一样。尽管许多证据还未讨论——下一章我们将在荷兰和英国的主权公司问题上讨论它们——但至少在最初的250年里，欧洲人在印度洋主要将其武力集中于海上贸易，通过要塞化的中转港网络去巩固其对贸易的控制。虽然欧洲人成功地使用了威慑战术和勒索保护费的方式来对付小型政权（这通常也需要当地力量的协助），但是他们对于当地强国几乎要一直保持恭敬的态度。葡萄牙人在红海和阿拉伯海附近与奥斯曼人角力，其他欧洲人则时不时地与莫卧儿帝国和大明的军队发生冲突。但总的来说，欧洲人是务实的，面对可以在战场上投入远超他们军队数量的兵力、占据绝对优势的对手，他们并没有多少获胜的机会，所以他们选择顺从亚洲帝国的统治者。除了军事考量之外，欧洲人对于亚洲市场的依赖程度远远超过后者对他们的依赖。莫卧儿人、日本人、中国人和其他人，仅仅通过拒绝贸易就能让欧洲人屈服。对于当地的政治组织来说，它们并没有什么意愿与欧洲人竞争对关键贸易路线的控制，这导致他们采取了一种大而化之的权宜之计，与之对应的时代有时被称作"冲突被遏制的时代"。[139]

第二章

## 主权公司和东方帝国

17世纪初,一种新型的欧洲扩张主体,以荷兰和英国的东印度公司为代表的特许贸易公司或者叫"主权公司"在亚洲出现。主权公司(英国和荷兰的东印度公司不过是其中两个)令人感到困惑。它们是现代跨国公司的前身,开创了现代资本主义的许多重要制度,比如公司的法人资格、股份所有权、有限责任以及所有权和经营权分离。它们是一心只关注利润的公司,但也被授予典型的主权特权,而且它们也积极地运用这些权力,主要是发动战争和外交交涉的权力,也包括建立殖民地和要塞、主持刑事和民事司法、铸币及行使宗教职能的权力。

如同西班牙君主赐予新大陆的各种征服者团体特许权一样,英国和尼德兰联省共和国的统治者也渴求海外征服和财富,但没有手段去实现这些梦想。像西班牙一样,英国和荷兰希望通过授权给私人活动者,委派他们在海外扩张来进行尝试。但这些活动者的组织形式，即主权公司，与为了黄金和监护权而战的临时组成的征服者团体大不相同。与伊比利亚人于17世纪和18世纪在推动欧洲扩张进程方面取得的成功相比，这些公司所取得的成就，尤其是在南亚和东南亚取得的成就毫不逊色，甚至犹有过之。相比英国和尼德兰政府，英国东印度公司和荷兰东印度公司都统治着更大的区域和更多的人口。它们本身成了军事强权，而远非仅仅是其母国的延伸。

本章将考察这些主权公司相对于其亚洲对手在军事方面的表现。主权公司对于军事革命论来说有着更广泛的意义，因为这一论点并非仅仅涉及陆军和海军，还涉及国家。罗伯茨、帕克以及那些在历史学和社会科学领域追随他们并受到他们影响的人，提出了一种与战争制造理论一样的国家构建论，其中最著名的当数社会学家查尔斯·蒂利。[1]根据他们的论点，近代军队需要近代国家在财政和行政上给予支持。[2]因此，由于军事革命对经济水平有着极高的要求，私人代理人根本无法介入战争，尤其是海战。问题不仅仅是为什么一个特定的地区能统治世界，还涉及为什么一个特定的政治机构——主权国家——而不是过去存在于国际体系中的诸多政治形式会主宰世界。20世纪中叶欧洲帝国的瓦解，在很多方面标志着现代国家的最终胜利，因为新的后殖民国家深入地模仿了欧洲国家的政治制度。

正如对欧洲扩张的重新审视导致了对西方崛起解释中目的论推理的尖锐质疑一样，私人—公共混合型活动者在欧洲

第二章 主权公司和东方帝国

扩张中的突出作用，也引发了对于一种传统叙事，即现代性的进程导致国家垄断有组织的暴力工具这一同样重要叙事的质疑。主权公司不但与国家主导的帝国项目竞争，而且经常在竞争中战胜了后者。[3]比如在17世纪，荷兰东印度公司拥有从非洲东海岸到美洲之间最强大的海军。同样，英国东印度公司最终征服了以印度次大陆为中心的广阔帝国，并统治了世界五分之一的人口。即使是那些不认为军事优势是西方扩张背后的主要驱动力的人，也认为主权国家制度是掀起这种扩张浪潮的关键原因。[4]然而，这些公司的突出作用如何与这样的解释相一致呢？如果不对主权公司进行准确的描述，就不可能讲述近代早期欧洲扩张的故事，因为主权公司的核心作用常常被忽视或被误解。[5]

特许公司几乎活跃在世界的每个地区，连欧洲也不例外。英国莫斯科公司和英国黎凡特公司分别自1555年和1592年起控制了英国在俄罗斯和奥斯曼帝国的贸易，并发挥外交职能。在北美，英国、法国、荷兰和俄罗斯的公司是殖民的急先锋。明确依照英国东印度公司相同原则建立起来的哈德逊湾公司，从1670年到19世纪中叶，在当今属于加拿大的广大地区享有主宰一切的权力。[6]荷兰西印度公司（部分股权属于它在东方的分支）从1621年开始陷入了与西班牙的激烈海战之中，但它还是在巴西和安哥拉从葡萄牙人手中夺取了土地。在西非，英国皇家非洲公司致力于奴隶贸易，时常与欧洲竞争者和非洲统治者发生冲突。19世纪，作为新帝国主义的一部分，新的特许公司在从西非到南太平洋的广阔区域纷纷创立，不过不管是在法律层面还是在实体层面，这些公司的力量远远比不上它们 17 世纪的前身。[7] 然而，在所有这些例子中，英国和荷兰的东印度公司无疑是最重要的研究对象。在东方建立企业帝国方面，荷兰和英国的公司被认为是符合军事革命论的西方军事优势的缩影。但考虑到这一论点的前提建立在国家和公共权力的必要性上，主权公司实际上可能是否定这一论点的有力证明。

本章首先将解释荷兰和英国的主权公司为什么是名副其实的混合体，它们结合了现在被认为是基本的私人和公共功能的东西，因而不能被定义为国家、单纯的商业公司或其母国的工具。在对荷兰东印度公司的背景做了一些简单的介绍之后，我将评估主权公司在多大程度上符合军事革命论，并得出结论：二者之间并没有多少联系。与之前的葡萄牙人一样，荷兰东印度公司的军队人数太少，无法使用"近代"战术，极其依赖当地盟友和附属部队，在陆地上只拥有不稳定的技术优势。荷兰东印度公司确实在东南亚岛屿区域的陆地与海洋上取得了一些重大的军事胜利，在该区域对抗葡萄牙人时也确实有所斩获，但更常见的是，它被明帝国、莫卧儿帝国和日本击败或扼制。在 18 世纪，荷兰东印度公司的地位被南亚的地方实力严重削弱，同时它越来越多地介入爪哇事务，这反映了它在军事上的成功和商业上的失利。

英国东印度公司在很大程度上被它的荷兰对手逐出了东南亚，但在南亚和波斯，通过结合外交手段和有限的海军力量，它获得了重要的贸易特权。因为英国东印度公司需要莫卧儿帝国支持的程度远远大于后者对它（或其他任何欧洲人）在各方面的依赖程度，因此存在着基本的权力不平衡。然而，18世纪，南亚的政治格局发生了巨大变化。莫卧儿帝国衰落并瓦解了，而英国和法国之间的全球竞争与后莫卧儿时代南亚后继政权之间的冲突相互叠加，共同作用。我随后会解释，这一动荡时代的产物，也就是庞大的英属次大陆企业帝国在多大程度上验证了军事优势论。

依据军事革命论，在1750年之后，英国东印度公司的确部署了使用近代欧洲战术和技术的大规模部队，但它先进的行政、财政和信贷安排对确保其霸权地位更为重要。所以，尽管这一叙事中的部分要素证实了这一论点，其他要素却更让人心生怀疑。英国东印度公司与它的南亚对手之间的技术和战术差距似乎并非决定性的。从财政和军事的角度来说，战争不会创建国家，因为英国东印度公司是作为主权公司取得了胜利。正如"近代的"中央集权的葡萄牙被荷兰东印度公司击败并取代一样，更为集权的法国也输给了英国东印度公司。结论简明地反映了这些发现对于范式—传播模型、组织学习、转变和军事效能等一系列理论的影响。南亚和东南亚的战争不断地被来自西方（奥斯曼人和欧洲人）和北方（中亚人和中国人）的技术转移和技术融合所重塑。但是转变和变化的频率过快，使得累积学习变得极为困难，甚至不可能实现。那些确实试图模仿西方军事做法的亚洲军队，有时反而变得更弱而非更强。

## 什么是主权公司

主权公司是根据颁发的特许状创建的，特许状可以由君主颁发，或者像尼德兰联省共和国一样由立法机关联省议会颁发。这些特许状给予贸易公司在特定地理范围内对某些商品的垄断权，其地理范围常被扩大到整片大陆或大洋。给予垄断权的理由是，那些将私人资本拿出来投资并承担风险的人必须拥有盈利的前景。从统治者的角度来看，设置垄断权，再将其授予公司，这是实现他们在欧洲之外的地缘政治目标最为简便和划算的手段。

在主权公司的陆地和海上领地内，它们常常被授予传统上属于主权国家的广泛权力：建立殖民地、民事和刑事司法权、铸币权、征税权、缔约权以及通过海上和陆地武装力量捍卫和扩展商业利益的权力。尽管有这些权力，主权公司仍然是私人企业：它们由商人和投资者拥有，而利润是它们追求的首要目标。从1602年的荷兰东印度公司和1657年的英国东印度公司开始，主权公司奠定了现代企业的两个基本特征：股份所有权和有限责任制。这两个特征与早期的投机公司截然不同，那时商人和投资者常常通过松散的联盟组织起来。以这种方式筹集的资金和资源投入个人的航行中，而债务和损失则会根据参与者的全部资产进行清算。[8]主权公司由一个理事会经营，荷兰东印度公司的是十七绅士会议，英国东印度公司的则是董事会。这些理事会管理着许多更为专业化的委员会，并把权力下放给其东方的代理人，后者由于距离母国遥远，常常得以行使高度的自治权。股东往往也是母国政府的上流人士，比如尼德兰联省议会成员，或者英国贵族和议会议员。

历史学家强调，主权公司并不仅仅是其母国浓缩版的延展，它们并非被动的、依赖母国政府的附庸。[9]根据这种思路，克里·沃德（Kerry Ward）[1]称荷兰东印度公司为"一个主权实体"和"一个国家内部的帝国"[10]，而17世纪荷兰政府的一名成员认为它"不仅是一个商业公司，还是一个公司国家"[11]。菲利普·J.斯特恩（Philip J. Stern）[2]也将英国东印度公司描述成"一种政府形式、一个企业、一种管辖权"[12]，更通常的说法是"一个公司国家"。尼古拉斯·胡佛·威尔逊（Nicholas Hoover Wilson）[3]将英国东印度公司定位为"国中之国"[13]，C. R. 博克瑟（C. R. Boxer）[4]对荷兰东印度公司也采用了相同的描述[14]。

## 荷兰东印度公司

荷兰东印度公司创立于1602年，当时尼德兰正为其生存

---

[1] 克里·沃德：美国莱斯大学世界历史方向的助理教授，著有《帝国网络：荷兰东印度公司的强制移民》。——编者注
[2] 菲利普·J.斯特恩：美国杜克大学历史学助理教授，主要研究领域为近代早期的英国史与大英帝国史。——编者注
[3] 尼古拉斯·胡佛·威尔逊：美国纽约州立大学石溪分校社会学系助理教授，他的研究侧重于以英国东印度公司在南亚的扩张为例，对大英帝国及其殖民时代进行历史社会学研究。——编者注
[4] C. R. 博克瑟：英国历史学家，主要研究领域为荷兰和葡萄牙的海洋探险与殖民历史。——编者注

殊死反抗西班牙哈布斯堡王朝，这一王朝在1580年至1640年间也统治着葡萄牙王国。从诞生之日起，荷兰东印度公司就表现出追逐利润和地缘政治斗争的双重诉求，[15]这与该国的政治精英与经济精英合一的特征是一致的。[16]荷兰商人在16世纪末首次抵达印度洋。当这些商人从贸易中赚钱的时候，联省议会鼓励他们停止损害利润的内部竞争，通过合并不同的商业企业，把他们的商业活动集中到一个企业中。[17]尼德兰本身是一个由7个省组成的高度分权的联邦，每个省都享有否决全体决定的权利。新公司反映出了相同的联邦文化，由阿姆斯特丹、米德尔堡（Middleburg）、代尔夫特（Delft）、鹿特丹（Rotterdam）、霍恩（Hoorn）和恩克赫伊（Enkhuizen）的6个地区商会组成。[18]在联省议会的支持下，十七绅士会议在管理荷兰东印度公司时自行其是，一般可以无视股东的意愿。该公司被授予对印度洋和太平洋地区所有贸易为期21年的垄断权。

创建特许状内容如下：

> 好望角以东以及麦哲伦海峡内外，上述公司的代表应被授权，以尼德兰联省议会或本国政府的名义，与当地王公和统治者缔结协议或合约，以修建要塞和堡垒。他们可以任命行政长官，保有武装部队，设置司法官员以及负责其他重要基础服务的官员，以维持属地的良好秩序，同时保证法律的执行和司法正义，所有这些结合在一起，以促进贸易。[19]

尽管军事力量最初可能只被视为抵御葡萄牙人和海盗的必要手段，但它们很快成为荷兰东印度公司在东方战略的基础。正如一位历史学家所言，"在东方的大海上，没有哪个欧洲企业比荷兰东印度公司更愿意为了达成目标而发动战争"。[20]

从 1603 年起，通过劫掠富有的葡萄牙运宝船"圣卡塔琳娜号"，并在爪哇建立了第一个永久性基地，荷兰东印度公司迅速吸引了各方的关注。由于与公司在亚洲的管理人员通信需要长达两年时间，十七绅士会议决定在该区域设立总督职位，让总督担任他们的代表。事实上，总督享有高度的自治权。正如后来的一位巴达维亚总督所言："母国的绅士们在那里做出他们认为最好的决定，但是我们在这里会根据自己的正确判断将其付诸实践。"[21] 到 1608 年，荷兰东印度公司在全亚洲拥有 40 艘船和 5000 名雇员（差不多一半是水手，一半是士兵）。到 17 世纪末，它的规模已扩大为 200 艘船和 1 万~1.5 万士兵。[22] 荷兰东印度公司很快就试图垄断香料贸易，而武力是这一战略的核心部分。[23] 十七绅士会议相信，公司的利益取决于荷兰东印度公司是否可以"排除所有其他人，独自享受贸易果实"[24]。在葡萄牙人收取海上保护费（荷兰东印度公司采取了相同的手段）之后，荷兰人的行动对这一地区之前大体和平自由的贸易常态造成了更大的打击。[25] 他们的掠夺行动大部分是针对葡萄牙人的，后者失去了安汶（Ambon，1605）、马六甲（1641）、锡兰（1656）及科钦（Cochin，1663）在内的据点。[26] 但是，在评估军事革命论方面，最为重要的是荷兰东印度公司与其亚洲对手之间的军事平衡。

## 荷兰东印度公司在南亚

1508年，当印度港口第乌第一次被拱手让给葡萄牙人时，葡萄牙人拒绝管理此城，他们在1513年对科伦坡（Colombo）的态度也是如此[27]。出人意料的是，与葡萄牙人一样，荷兰东印度公司也是极不情愿的帝国主义者，他们经常回避获得领土，即使是白送的也不要。[28] 作为一个主要关注盈亏、以海上利益为主的组织，十七绅士会议担心直接管理大片领地和大量人口会得不偿失。然而，即使他们不太乐意，荷兰东印度公司在其两百年的历史里还是稳步扩大了领土和附属领地。

考虑到在财政收入和粮食供应上对海上贸易的依赖，印度尼西亚群岛地区中较小的海岛苏丹国往往无力抵抗荷兰东印度公司的压迫。17世纪20年代，在香料产地班达群岛（Banda Islands），荷兰东印度公司甚至采取了灭绝当地人口的极端措施，以确保其对肉豆蔻生产的控制，肉豆蔻在当时被认为具有抵御瘟疫的作用——这是依赖近代早期因果归因问题的另一个例子。凡是被发现盗窃、贩卖或者在其他地方种植肉豆蔻的人都会被处决。荷兰东印度公司用曼哈顿的管理权换取了当时唯一控制在英国人手中的出产肉豆蔻的岛屿。[29] 荷兰人利用当地的竞争，尤其是东南亚政权对葡萄牙人和西班牙人的敌意做文章。在17世纪为数不多的例子中，比如17世纪末在爪哇，荷兰东印度公司成功地迫使当地统治者让渡部分正式统治权，并且答应他们极不公平的贸易需求。然而，在大多数情况下，东南亚统治者是在平等互利的基础上与荷兰东印度公司进行谈判的。[30]

从在巴达维亚设立爪哇总部开始，荷兰东印度公司逐渐被卷入岛上相邻政权之间的一系列继承争端和内战之中。因为战事逐渐偏离了初衷，荷兰东印度公司的干预无异于拿钱打水漂。[31]针对爪哇统治者发动的，旨在强制执行财政要求的惩罚性战争，制造了永远都还不清的更多的债务。对于参与本地权力斗争的派系来说，由于荷兰人不愿意实行直接统治，又有着局外人的身份，所以荷兰人是颇具吸引力的军事合作伙伴，他们将荷兰东印度公司的军队看作雇佣兵。[32]在印度，荷兰东印度公司打造了一个要塞体系来控制胡椒贸易，但后来发现建造要塞的费用比他们从胡椒贸易中挣得的利润还要高。[33]

关于欧洲人的入侵在多大程度上造成了东南亚战争的西方化这一问题，众说纷纭。埃里克·塔利亚科佐（Eric Tagliacozzo）[1]认为，在葡萄牙人征服马六甲之后，"欧洲军队的到来也引发了东南亚社会的系统性变化，因为如果不能快速有效地整合军事技术，可能会立即造成致命的后果"[34]。他认为，东南亚的统治者被迫进行他们自己的军事革命，包括维持常备军和使用雇佣兵来替代通过贵族招募的封建军队，并更加强调用石头建造的防御工事。另一种观点却认为，该地区政权在这个方面取得的进步与欧洲人的入侵毫无关联。[35]

当谈到为荷兰东印度公司作战的人及其作战方式时，我们已经非常熟悉、与军事革命原则不符的冲突又出现了：他

---

[1] 埃里克·塔利亚科佐：美国康奈尔大学约翰·斯坦博历史学教授，教授东南亚历史。——编者注

们不是专业的、受过严格训练的士兵；他们没有以标准的方式，以火枪、长矛、骑兵、野战炮兵组建军事组织；按照欧洲战争（以及其他大部分欧亚大陆的战争）的标准，他们的军队的规模也非常小；他们受雇于拥有主权的私人公司，而非财政—军事国家。从这个意义上说，如果"荷兰人"指的是尼德兰联省共和国的人的话，那么在近代早期，亚洲没有任何一场战争与"荷兰人"有关系。荷兰东印度公司在东南亚和南亚十分依赖经常提供大量军队的当地盟友和雇佣军。[36] 即使在公司的核心军队中，也有大量人员来自日本。在这个意义上，荷兰东印度公司成了一个"亚洲公司"。[37]

考察技术方面的对比，毫无疑问我们会发现东南亚的大陆部分，可能还有大部分岛屿，早在欧洲人到来之前就有火枪了。[38] 比如，马六甲苏丹在1511年遭到葡萄牙人进攻时就已经装备了大量的火炮。孙来臣（Sun Laichen）[1]认为："在14世纪末15世纪初，早在欧洲火药武器到来之前，中国的火药武器技术就通过陆海两路传播到了整个东南亚。"[39] 他发现火药武器在14世纪90年代首先在缅甸和越南开始扩散，在之后的一个世纪内扩散到该地区的其他部分和印度北部。[40] 马穆鲁克和奥斯曼的火药武器也在1500年时抵达了印度西部。[41] 1421年，中国火炮被传到爪哇[42]，而奥斯曼帝国则于16世纪向苏门答腊输送火药武器，派遣制造和使用火药武器的专家，以帮助他们的穆斯林盟友。[43] 但是，这些亚洲火炮

---

[1] 孙来臣：美国加利福尼亚州州立大学富尔顿分校副教授，专攻近代早期东南亚历史，尤其是中国与东南亚大陆的互动。——编者注

的性能能与欧洲火炮相媲美吗？支持西方军事优势说的人认为亚洲火炮显然不如欧洲火炮[44]，但其他历史学家认为二者之间没有显著差距[45]，尤其是考虑到亚洲人很可能在开放市场上雇用西方炮手和铸炮师。[46]东南亚人愿意购买西方火药武器确实意味着欧洲武器更为先进[47]，但并不能体现双方之间总体的军力差距。

17世纪，爪哇有大约300万人口（相较之下，尼德兰的人口不足200万）[48]，马塔兰（Mataram）苏丹国是岛内最为强大的政权。从1677年到18世纪40年代，荷兰东印度公司在这里陷入了继承权斗争的泥潭。[49]M. C. 里克莱夫斯（M. C. Ricklefs）[1]认为，总的来说，"欧洲人和爪哇人的军事技术没有明显的差异，这主要是因为爪哇人很快采用了荷兰东印度公司从欧洲引入的少数技术创新"[50]。比如，17世纪末，有些东南亚统治者学习荷兰东印度公司军队，把火绳枪换成了燧发枪。[51]因为荷兰东印度公司通常与许多亚洲盟友和雇佣军一起行动，而且这些人在一系列冲突的不同阵营之间来回摇摆，这也意味着武器和战术很容易被传播，这进一步缩小了双方在这方面的差距。此外，有很多变节的欧洲雇佣兵和炮手也乐意为出价最高者服务。[52]在爪哇和马来群岛的其他地区，受当地条件所限，荷兰东印度公司采取与欧洲战争不同的方式打仗势在必行，比如火枪齐射在雨林中就毫无作用。[53]

荷兰东印度公司的军队通过先进的要塞改变了人数上寡

---

[1] M. C. 里克莱夫斯：出生于美国的澳大利亚学者，在康奈尔大学获得博士学位，主要研究印度尼西亚的历史和时事。——编者注

不敌众的劣势，尽管建造这些要塞的目的通常更多的是为了抵抗欧洲敌人的海上炮击，而不是来自陆地的进攻。[54] 巴达维亚在1628年和1629年先后抵挡住了马塔兰苏丹军队的两次围攻，第一次围城的军队是1万人，第二次超过2万人，但当时它还没有按照近代欧洲风格加设要塞。[55] 与葡萄牙人在马六甲横扫的要塞类似，东南亚的许多要塞是用木栅栏而非石墙防护的，虽然荷兰东印度公司确实偶尔也会遇到一些能抵挡火炮的石墙，比如望加锡（Makassar）苏丹在苏拉威西岛（Sulawesi）建造的要塞。

要解释荷兰东印度公司在东南亚海域的成功，战略环境，尤其是依靠对海洋的控制而获得的调动和集中部队的能力，还有切断敌人补给和增援的能力，似乎比任何严格意义上的战略因素都更有说服力。[56] 在这一思路下，彼得·洛奇（Peter Lorge）[1]认为：

> 当地（东南亚群岛）统治者的任何一个错误都可能是致命的，而欧洲人的失败仅仅是暂时的挫折。因此，军事和政治角力的情势一般都向一边倾斜，因为欧洲人始终掌握着战略主动权。欧洲人可以决定在一个目标上押下多少赌注并且发动突然袭击。东南亚统治者往往只能应付既有的威胁。[57]

---

[1] 彼得·洛奇：美国范德比尔特大学文理学院历史学副教授、东亚研究副教授，主要研究10世纪和11世纪的中国史，尤其是中国的军事、政治和社会历史。——编者注

相对他们的对手，荷兰东印度公司在海战上有明显的优势，原因与葡萄牙人类似：他们拥有更大、更坚固、武装更强的欧洲设计（强大的亚齐海军在17世纪的大部分时间里都在对抗葡萄牙人，直到亚齐因为内部纷争而衰落）。洛奇发现，在这一时期，欧洲人的东南亚帝国创建在经济方面很不理性，这一点与本书关于目标和策略的文化框架这一更为重大的主题直接相关。对于洛奇来说，无论是政府性质的还是企业性质的探险，都是以追求荣耀为前提的亏本生意。[58]

应该记住，除了香料群岛、爪哇岛和其他一些港口，荷兰人在19世纪之前对马来群岛几乎没有控制力。[59]在他们不能很好地发挥海军优势的地方，比如东南亚大陆，荷兰东印度公司（就像其他欧洲人一样）在确立统治地位上没有取得什么成就，反而经历了一些惨痛失败。1643年，一名前往觐见柬埔寨新国王的荷兰东印度公司大使在金边（Phnom Penh）被杀害，第二年，执行报复任务的400名东印度公司士兵被击败。

就理性学习和军事适应来说，东南亚政权的经历往往与布莱克称作范式—传播模型的思路相悖，布莱克用这一模型来分析下面我们要讨论的英国东印度公司和18世纪的南亚战争。一种似乎要成为共识的观点认为，失败者会通过模仿胜利者的军事技术、战术和组织方式来变得更强。然而，就连欧洲观察家也表示，在这一地区，那些复制欧洲体系，按照欧洲阵列对步兵组成的常备军进行高强度训练的政权，不是变得更强，反而变得更弱。[60]相反，坚持使用当地手段训练军队的政权在对抗欧洲扩张方面要成功得多："事实证明，不是人数稀少的西式常备军，而是自治或半自治的武装集团，后者的作战思想受西方影响较小，他们采用经过时间考验、适合当地地形的传统方式作战。"[61] 这一结论体现的是差异和不对称作战的益处，而非模仿敌人的益处，也与后来20世纪和21世纪反抗西方军队的起义者的经历相吻合，这一点我们将在最后一章讨论。

## 荷兰东印度公司在东亚

荷兰东印度公司在中国取得的成果比它在东南亚大陆所取得的有限成果还要少。从17世纪20年代到60年代，荷兰东印度公司进行了一系列零星的尝试，意图扮演成朝贡者，后来又试图用武力强行打开中国贸易的大门，结果每一次都以荷兰人在海洋和陆地上被明军击败而告终。其中最为重要的是，明朝忠臣国姓爷郑成功在1661年夺取了荷兰东印度公司在台湾的星形要塞热遮兰（Zealandia）。(在17世纪40年代中期，清王朝已经占领了明王朝的大部分地区)。

1622年，在澳门被葡萄牙海军击败后，荷兰人骚扰了福建沿海，夺取船只，并要求中国停止与西班牙马尼拉的贸易。然而，两年之后，面对"数万人"庞大的中国军队，荷兰东印度公司被迫从它位于澎湖列岛近海的岛上基地撤出，并撤退到台湾。[62] 不过，在最初的海军交锋中，荷兰东印度公司船只的体型和火力让中国军队尝到了苦头。[63] 与16世纪早期的葡萄牙战舰不同，荷兰东印度公司的战舰是多层甲板侧舷火力战舰，配备数十门重型铁炮，因此战舰可以成功地摧毁数量多得多的中国战舰和商船。但是，早期的胜利让荷兰东印度公司放松了警惕。1633年，明军突然用火船袭击了9艘荷兰船只，再次运用了他们在100年前对付葡萄牙人的手段〔火船上装载了各种易燃物，包括"瓜蔓、魔烟（腐蚀性烟雾）、炮石、魔砂，（以及）毒火"[64]〕。4艘荷兰战船被摧毁或被俘获，荷兰东印度公司也放弃了其诉求。

国姓爷在台湾对荷兰东印度公司的战役是非西方军队攻克星形要塞的一个例子，学者们对这一例子进行了仔细研究。1661年，一支2.5万人的明军围困了热遮兰，而此前他们击退了热遮兰中仅有的2000名守军的突围。尽管在人数上占据巨大的优势，中国军队强攻要塞的尝试还是失败了，且损失惨重。荷兰东印度公司之所以最终会失败，是因为一名叛逃者泄露了热遮兰的一处致命弱点：一座俯视热遮兰的小山防御空虚。一旦夺取了这座小山，国姓爷的军队便可以直接朝热遮兰开火，获胜也就只是时间问题了。

托尼奥·安德拉德从这一例子中得出了若干结论。[65] 其一，荷兰东印度公司的步兵（可以扩展为全体欧洲步兵）的战斗力不如中国正规军步兵，后者纪律性更强，训练得更好，装备也同样精良。他强调，中国步兵使用齐射战术的历史比欧洲人早几百年，最开始是用I字弓，后来是用火枪。其二，中国的火枪和火炮和西方的一样好，这得益于中国人学习了

16世纪葡萄牙人的设计。其三，西方战舰明显更强，因为既拥有更强的构造和火力，又拥有逆风航行的能力。其四，西方的要塞胜于亚洲的要塞，因为锐角棱堡可以实现交叉火力覆盖，这使得强攻城墙成为一项十分危险的任务。虽然中俄军队在黑龙江上的冲突也为托尼奥的结论提供了证据，但托尼奥还是根据一些规模相当小的冲突得出了大部分结论。在他看来，荷兰人在台湾遭遇失败是因为运气不好（叛逃者和恶劣的天气阻止了增援舰队赶来），从这一点可以看出，从个别战斗中总结出普遍性结论是有一定困难的。对荷兰东印度公司在台湾的失利还有一个有趣的补充，就是荷兰东印度公司对失利的分析，它将失败不公正地归咎于要塞的指挥官。这种找替罪羊的方式倾向于将失败归咎于个人，否认失败，而不是根据范式—传播模型所要求的理性学习的原则进行认真的反省，并采取改革措施。

在战略上，对于中国，荷兰东印度公司的处境与它面对莫卧儿帝国时类似：公司对于明帝国的需要远远大于明帝国对公司的需要。即使在17世纪中叶，在明清交战以及早先发生的叛乱遍及全国之前，这里都没有给欧洲人分而治之的手段留下多少空间，他们曾在东非、印度沿海，还有东南亚地区的小君主国和苏丹国运用过这一手段。这里也没有为类似于莫卧儿帝国体系中的那种自治附庸国与宗主国的模式留下什么余地，而这种模式本来可以给荷兰东印度公司与本地的附庸政权达成交易的机会。

荷兰东印度公司对日本幕府非常恭顺。在日本，荷兰东印度公司被迫"放弃它通常的特权，并重塑自己，以满足德川幕府的期望"[66]。1610年，日本人烧毁了一艘被俘获的葡萄牙船——船上装载的货物的价值超过了荷兰东印度公司的全部资产——以作为对一名日本水手被杀的报复。荷兰东印度公司将这一事件视作一个具有警示意义的教训。[67] 日本人执行一种极其严格的不对称报复政策，如果任何朱印船[1]遭到攻击，贸易禁令就会立即下达，即使是惯用武力的欧洲人也不得不老实遵守。1707年，一名在日本的荷兰官员向公司报告："炫耀武力或者使用暴力是完全不可能的，除非我们打算离开这片土地，永远不再回来。"[68]

## 荷兰东印度公司的衰落

除了17、18世纪在东南亚和东亚活动，荷兰东印度公司也在非洲南部和东部（开普和莫桑比克）、锡兰、印度东海岸和西海岸、中东，以及整个印度洋沿岸作战。直到17世纪60年代，许多战斗都是针对葡萄牙人的，之后荷兰东印度公司才开始面对亚洲敌人。如果西欧在军事和经济方面稳步前进，领先世界其他地区，可以料想相较于这些当地政权，荷兰东印度公司应该变得越来越强。在爪哇，情况的确如此，荷兰

---

[1] 朱印船：幕府将军会向部分日本和中国商船颁发特许状，状上盖有将军红色的大印，所以持有特许状的船只被称作"朱印船"。只有朱印船才被官方允许在日本内外进行贸易。——译者注

东印度公司逐渐收服了当地政权，并镇压了反抗。然而，在其他地方，情况却截然不同。

在印度西南部的马拉巴尔（Malabar）海岸，特拉凡哥尔（Travancore）王国的扩张威胁到荷兰东印度公司在当地的附庸，并威胁到后者对胡椒贸易的控制，因而触发了1739年的战争。[69] 在最后通牒被拒绝之后（特拉凡哥尔国王威胁要入侵欧洲作为报复），荷兰东印度公司在1741年从锡兰派遣军队登陆。获得初期的胜利后，他们的军队被围困，然后在饥饿威胁和炮火轰击下投降，指挥官随后开始为特拉凡哥尔服务。在遭到当地盟友背叛之后，当时正竭力镇压爪哇的大规模叛乱，因而无法派出增援力量的荷兰东印度公司，只能放弃该地区剩下的一些要塞，向敌人求和。对于1715年之后的半个世纪，一位历史学家评论道："到这一时期结束时，荷兰东印度公司已经是夹在两个新的中央集权的'财政—军事'大国之间的二流角色：这两个国家就是特拉凡哥尔和迈索尔（Mysore）。"[70] 所以，在18世纪中叶，荷兰东印度公司的战略困难是，它在这一地区不仅跟不上英国和法国，还落在了新的南亚敌手的后面。

在锡兰，荷兰东印度公司跟它的前盟友康提拉贾闹翻了，但它用跟葡萄牙人相同的方式作战（后来英国人也这样做）去夺取内陆的土地。1761年，康提人在一次反击中几乎把荷兰人赶出了岛屿。尽管重新夺回了海岸，但荷兰东印度公司到1766年时不得不放弃征服康提。[71] 与此同时，荷兰东印度公司还被逐出了它位于波斯湾哈尔克岛（Kharg Island）的基地。[72] 一个更普遍的结论是：

> 尽管我们要承认欧洲"军事革命"的一般性原则，但在18世纪中叶之前，这一进步（在南亚）造成的不平衡，就像在东南亚一样，在印度并没有产生什么持续性的影响。在这片次大陆上，葡萄牙和荷兰的士兵太少了，根本无法推动贸易的重大变化，而英国人派来大规模部队主要是为了对付法国人。[73]

最终，荷兰东印度公司的成功之处恰恰导致了它的失败：它掌控的土地越多，它在商业上就越失败，因为在18世纪，稳步增长的行政和军事花费总体上超过了其固定收入（在17世纪，军费开支占荷兰东印度公司全部预算的五分之一到三分之一，与当时的欧洲国家相比是非常低的）。[74] 这一结果的讽刺之处在于，公司里的许多人，包括十七绅士会议，都曾敏锐地意识到危险，并且提出过强烈反对。比如，在1662年，一份呈递给十七绅士会议的关于荷兰东印度公司前景的报告悲观地声称："公司征服的土地越多，它对现有一切的掌控就越弱。"除非这一倾向终止，否则"公司最终将被它沉重的负担压垮，而且必将分崩离析"[75]。另一个批评做出了相似的预测："荷兰东印度公司统治的地方越多，它对贸易的提升和支持就越少。"[76] 十七绅士会议对在锡兰和马六甲的战争花费发出抱怨："一个商人最好是提升自己的商业才华，将贵重的货物从亚洲运回尼德兰。而不是进行花费巨大的领土征服，后面这项活动更适合国王和强大的君主，而非渴求利润的商人。"[77]

与军事力量对比关系不大，但对荷兰东印度公司的整体生存和成功至关重要的是：公司强制推行垄断贸易造成了大规模的走私和海盗活动，更不用说公司内部普遍存在的腐败，所有这些都削弱了公司的实力。[78] 18世纪，随着付出的代价超过了收入，荷兰东印度公司不太愿意也没有能力去发动耗资巨大的新的军事行动。在拿破仑战争时期，当英国在东方征服荷兰领地时，荷兰东印度公司早已破产。从某种意义上说，荷兰东印度公司的失败可以作为军事革命论的一个间接例证，至少在很长一段时间内，维持一支近代海陆军需要依靠中央集权的国家，而不是公私混合体来提供财政资源。然而，与这一论点相悖的是，作为标准的近代国家荷兰本身，几乎就在荷兰东印度公司寿终正寝的同时被征服了。

## 英国东印度公司

英国东印度公司是根据1600年女王伊丽莎白一世颁发的一份特许状创建的。尽管创建的时间略早于荷兰东印度公司，但它花了更长时间才获得真正的股权制形式和一系列主权特权，这两点赋予了特许公司独特的公私混合身份。在前往东方的开拓中，英国东印度公司最初被笼罩在其荷兰对手的阴影之下，基本上被逐出了香料群岛，因此它转而把精力集中在南亚。英国东印度公司最终成为最为重要的主权公司，在19世纪，它统治的庞大帝国几乎覆盖了整个南亚，这里有着全世界差不多五分之一的人口。关于英国东印度公司历史的著作常常以1757年的普拉西之战为界，划分出两个差异明显的阶段，正是在普拉西之战中，英国东印度公司在孟加拉获得了第一个实质性的领地。[79] 在早期，英国东印度公司修建贸易站和要塞，而且就像葡萄牙人和荷兰东印度公司一样，坚持基本的以海洋为主导的战略。1757年后的几十年对于本书探讨的主要问题来说是极其重要的。在这一时期，欧洲国家领导的军队和亚洲人之间爆发的战斗，相较于之前的两个半世纪，持续的时间要长得多，规模也大得多。到18世纪末，英国政府开始逐步收回公司的国家性和企业性特权，将公司与国家更紧密地联系起来。[80]1857年的印度大起义，实际上标志着英国东印度公司的覆亡。

我将从英国东印度公司与莫卧儿帝国之间的关系开始，讲述前者的故事。公司通过外交而非武力获得了贸易特权，尽管海上战争一直是英国东印度公司的重要手段，但17世纪80年代，它对莫卧儿帝国发起的唯一一次直接挑战却以失败而告终。在本章的剩下部分，我将关注英国东印度公司是如何在18世纪50年代莫卧儿帝国崩溃之后开启它征服南亚的道路的，要检验军事是西方崛起的基础这一观点，这是一个关键的时期。我们的评估将首先关注战场上的技术和战术，然后是支撑军事力量和效率的财政和行政基础。

## 1750年前的英国东印度公司

与荷兰东印度公司类似，英国东印度公司是一个试图通过垄断来获得超额利润的武装贸易商。[81]因而，在17世纪早期，托马斯·罗伊爵士（Sir Tomas Roe）被派往莫卧儿王朝，为英国东印度公司寻求贸易许可。他认为，对于当地政权，"最好是一手拿着剑跟它们打交道"[82]。与荷兰东印度公司一样，从1612年起，英国东印度公司很快在这一地区与葡萄牙船只爆发冲突，而且常常取胜。[83]英国东印度公司早期最为突出的军事胜利，是在波斯湾口夺取了葡萄牙人建在霍尔木兹海峡的要塞，这是1622年它与波斯军队联手取得的胜利。葡属印度控制该要塞超过一个世纪，而且还是用近代的星形堡垒进行防卫的。为了回报英国东印度公司在夺取要塞过程中提供的海军支援，萨非王朝皇帝阿拔斯一世（Shah Abbas）向前者提供了贸易许可权、关税减免和远征补贴。[84]由5艘船组成的小型英国军队成功地驱逐了葡萄牙船只，轰击了要塞，并且帮助运送了给予葡萄牙人最后一击的萨非王朝军队。然而，尽管在军事上取得了巨大的成功，英国东印度公司商业上的结果却较为复杂，并且显示出公司不确定的法律地位。由于当时英国与葡萄牙处于和平状态，英国的海军大臣威胁要以海盗罪起诉英国东印度公司的行为，最终后者给了海军大臣1万英镑的现金才算摆平此事。[85]国王詹姆士一世也趁势要挟："我是不是把你们从西班牙人的抗议中救了出来（当时西班牙和葡萄牙合并，建立了伊比利亚联盟），而你们都不报答我吗？"英国东印度公司只好给了詹姆士一世1万英镑作为报酬。[86]后来，英国东印度公司觉得波斯人给他们的比他们应得的少得多。

不应该过度夸大英国东印度公司早期的军事力量，这一点很重要。由于法律和现实原因，它远远没有荷兰东印度公司控制香料群岛时那么好战。[87]在英国人和他们的荷兰对手共存的地方，英国东印度公司往往只能屈居第二。在欧洲，詹姆士一世与尼德兰联省议会关系良好，并试图让两个特许公司达成某种妥协，来分割香料贸易的份额。然而，荷兰东印度公司在东方的官员已经决意维持垄断地位，于1623年在安汶岛处决了10名英国东印度公司的雇员。英国东印度公司与葡属印度的交涉更为成功，从1635年起双方达成了长久的和解。

在对南亚进行一系列远征之后，英国东印度公司意识到需要在该地区建立一个永久性基地。1619年，英国东印度公司找到第一个立足点——苏拉特港（Surat），之后的几个前哨站是用外交手段而非武力从莫卧儿帝国获得的。对于英国东印度公司与莫卧儿帝国之间的关系，传统的描述是一种大致的平衡状态，当地的莫卧儿官员勒索英国东印度公司，而如果这种索取超出了限度，英国东印度公司就会骚扰前往红海的莫卧儿船只作为反击，最终回到不稳定的原状。[88]然而，通过对莫卧儿波斯语材料的研究，法哈特·哈桑（Farhat Hasan）[1]认为历史学家夸大了冲突的程度，并掩盖了一个事

---

[1] 法哈特·哈桑：任职于印度德里大学历史系，主要研究近代早期南亚社会文化进程史。——编者注

实：双方的关系总体上是和谐的。[89]与在古吉拉特和后来的孟加拉被当地帝国官员勒索不同，英国东印度公司与帝国在当地的代理人勾结，以逃避向皇帝缴纳关税。[90]莫卧儿政权一般会在地方分享或者授权国家权力，这种可渗透的特质极大地方便了英国东印度公司进入帝国。实际上，这种特质部分地反映了莫卧儿帝国建立的方式，它更多地依赖于与对手合作，使其臣服，而不是摧毁他们。[91]尤其是商人和港口享有很大的自治权[92]，这样一来，英国东印度公司的自治只需遵循既有的先例即可。公司向皇帝宣誓效忠，而皇帝则慷慨地授予包括贸易权在内的某些特权。

英国东印度公司于1639年在马德拉斯（Madras）建立了第一个不受莫卧儿帝国控制的要塞化前哨站，这一成果的获得依靠的是与当地统治者的密谋，而非任何军事优势。建造要塞的主要障碍并非当地统治者，而是伦敦的董事们，前者兴致勃勃地承诺要负担一半的建造费用，后者则担忧建造成本太高。当本地统治者自食其言，拒绝付钱的时候，董事们的担忧被证实了，然而到了那个阶段一切都为时已晚，要塞已经被建成了。[93]

17世纪，英国东印度公司和莫卧儿帝国之间的唯一一次重要的冲突爆发于1686年。当时，莫卧儿皇帝奥朗则布（Aurangzeb）急需更多的收入来资助他镇压马拉塔人的反叛行动，所以他的官员严厉打击了英国东印度公司逃避关税的行为。与此同时，在孟买总督约西亚·蔡尔德爵士（Sir Josiah Child）的影响下，英国东印度公司决定对莫卧儿帝国摆出更具攻击性的姿态："商人决定做战士。"[94] 然而，英国东印度公司认为莫卧儿帝国已经被削弱，英国人完全可以在陆地上将其击败，在这一点上它严重失算了。它最初在孟加拉发起的海陆联合进攻宣告失败，且损失惨重。英国东印度公司还袭击了满载前往麦加的朝圣者的船只，此举激怒了莫卧儿皇帝，他下令将它驱逐。[95] 1690年，局势变得不可收拾，当一支阿比西尼亚舰队在莫卧儿帝国任命的指挥官指挥下封锁了孟买，迫使英国东印度公司驻军投降时，公司失去了除马德拉斯之外的所有领地。英国东印度公司只能求和。它向皇帝呈递了"最为谦卑的、悔意最真切"的求和信，并且同意支付巨额赔款，以及引发战争的（此前没有缴纳的）高额税款，以恢复他们的特权。[96] 这段经历反映出，英国东印度公司不仅在陆地上不敌莫卧儿帝国，它的海上堡垒也非常脆弱。[97] 在接下来的20年里，不在公司管辖范围内的英国"私人"海盗活动成了除不尽的火星，不时引发冲突。但那时奥朗则布全心投入到对马拉塔人的长期战斗中，不愿意分兵去夺取孟买和马德拉斯。[98]

## 18世纪的南亚

18世纪是南亚发生动荡和巨大变化的时期，最为突出的变化是莫卧儿帝国的衰落和英国东印度公司的崛起。许多学者将18世纪印度激烈的军事竞争，与一两个世纪前被认为促进了欧洲军事革命的条件做了对比。[99]1707年,莫卧儿皇帝奥朗则布去世,此后的时代充满了疯狂的宫廷阴谋、一连串激烈的皇位争夺,以及强大的地方统治者的分裂行动,他们口头上继续支持莫卧儿帝国的宗主权,实际上却越来越多地按照自己认为合适的方式进行统治。[100]用游击战术骚扰莫卧儿人的印度马拉塔联盟从17世纪晚期开始日益强大。在1739年对抗波斯统治者纳迪尔沙(Nadir Shah)[1]时,帝国遭遇了惨痛的失败,一支庞大的莫卧儿军队溃不成军,德里也惨遭劫掠,甚至皇帝镶满宝石的孔雀宝座(花费的金钱是建造泰姬陵的两倍)也被夺走。值得注意的是,莫卧儿人不是被欧洲人击败的,而且尽管内部纷争是他们失败的决定性因素,但他们在军事上最危险的敌人是波斯人和阿富汗人,而非葡萄牙人、荷兰人或英国人。[101]尽管直到进入19世纪后很久,几乎所有南亚历史舞台上的玩家,包括英国东印度公司,都继续承认莫卧儿王朝至高无上的权威,但他们恭顺的伪装也日益敷衍。[102]

随着莫卧儿帝国的衰落,各方的冲突更加激烈,这不仅体现在继之而起的本土政权之间,还体现在欧洲人之间,尤其是英国人和法国人之间。到拿破仑战争结束时,英国人已经彻底击败了它在亚洲的所有欧洲对手。除了在18世纪中叶击败法国,并短暂占领马尼拉,英国东印度公司的军队还协助征服了爪哇。只是因为保留独立自主的尼德兰作为欧洲的

---

[1] 纳迪尔沙:伊朗阿夫沙尔王朝开国君主。——编者注

缓冲国是英国战略的一部分，英国才将荷兰人在东方的领地归还给他们。1799年，荷兰东印度公司宣布破产。然而，很大程度上因为其成功，在征服孟加拉之后，英国东印度公司逐渐隶属于英国政府。18世纪末之后，由于商业考虑日益被统治要求所取代，英国东印度公司开始失去它作为混合公司的主权特征。回到我们的主题，要判定军事革命是否可以解释欧洲的扩张和帝国的创建，关键在于欧洲人和南亚政权之间的力量对比，而非它们各自内部频发的战争。要做出务实的决定是要付出代价的，承认这一点才是合理的：这会延续由布莱克和其他人描绘的欧洲中心主义的偏见，在这种偏见中，非欧洲人只有在与欧洲人产生交集时才会有戏份。如此，军事革命论就得经受住这样反复的质疑。18世纪，南亚最重大的两场胜利分别是1739年波斯的纳迪尔沙打败了莫卧儿人和1761年印度—阿富汗联军击败了马拉塔联盟，而在这两场胜利中，欧洲人都是完全缺席的。[103]

首先，值得再次强调的是，欧洲人在面对南亚对手时表现出相当大的差异。18世纪，当英国东印度公司开始崛起，法国人首次引入重要的军事革新如火力齐射时，荷兰东印度公司和葡萄牙人在与南亚对手的较量中都遭受了惨痛的失败。荷兰人在马拉巴尔海岸［今天印度的喀拉拉邦（Kerala）］被边缘化，[104] 而葡萄牙人在被马拉塔人击败后困于果阿一隅。[105] 18世纪唯一取得统治地位的欧洲人是英国人，而其他欧洲国家都被英国东印度公司或南亚当地政权击败。

历史学家特别强调欧洲人（实际上是英国人）在南亚的

扩张：首先，在人口和经济规模方面，这些领土是工业革命之前西方国家最为重要的战利品。[106] 仅孟加拉一国，它在1750年的人口就超过了英国。其次，从18世纪中叶开始，欧洲人第一次率领和训练真正意义上的大型军队（尽管大部分部队依然由当地人组成）长时间持续对抗亚洲军队，而这些形形色色的亚洲军队在实力上与它们旗鼓相当。与从孤立的小冲突中推断总体趋势相比，这段历史提供了更好的论据。再次，帕克指出了一些关键的战术进步，尤其是在18世纪40年代，南亚有了使用齐射战术的训练有素的步兵，这是这一战术第一次在欧洲以外的地方出现。[107]

## 征服者公司：从1750年开始的军事革命？

18世纪早期，没有任何明显的迹象显示英国东印度公司的军事实力有了飞跃式的发展。18世纪20年代，公司依然对莫卧儿帝国权力的式微保持警惕。[108] 直到1740年，英国东印度公司在整个南亚也只有2000名士兵。[109] 直接改变英国东印度公司军事实力的并非莫卧儿帝国的崩溃，而是来自欧洲人，即法国东印度公司的挑战。[110] 在大体上模仿英国和荷兰前辈的同时，法国东印度公司在财政和战略方向上与王室的关系都更加紧密。[111] 实际上，这两个依赖来源相互巩固：因为公司依赖国家的认购和援助，它有义务顺应政治方向；因为它被作为法国政府的一个分支来运营，它的商业生存能力一直很弱。[112] 但这种压力并没有阻止法国人引进创新，用当时欧洲人的战争方式训练当地部队：步兵使用燧发枪和刺刀，接受齐射训练，辅以由欧洲人指挥的野战炮兵。[113] 在谈到军队的民族构成时，必须强调的是，各方军队的主力都是在南亚新招募的当地人，而即使为印度统治者服务的军队，有时候也由欧洲雇佣兵指挥。对欧洲军事技术的引进并不意味着引进欧洲军队。

英国人和法国人的很多战争都是通过代理人进行的，即资助当地盟友和雇用非常规部队来作战。[114] 莫卧儿帝国的瓦解引发了大量争夺其遗产的斗争，而欧洲人则可以介入这些纷争，以达到他们的目的（当地政权同样非常乐意挑拨欧洲人之间的关系）。1746年至1763年，在印度南部，英国人和法国人分别从他们位于马德拉斯和本地治里的基地支持敌对的竞争者。这场斗争与在欧洲发生的奥地利王位继承战争还有七年战争重叠并最终连为一体。在被视作那个时代最重要的战役——1757年的普拉西之战中，罗伯特·克莱武（Robert Clive）率领的英国东印度公司军队以寡敌众，通过战斗和（更为重要的）贿赂的方式战胜了法国支持的孟加拉统治者。广泛的误解是把这场战役作为英国东印度公司从商人阶段向政府阶段转变的转折点（其实英国东印度公司在之前和之后都是一个混合体）[115]，此役带来的对孟加拉的征服，再加上1764年在布克萨尔（Buxar）的胜利，使英国东印度公司得以控制南亚最为富庶和人口最多的地区的税收。这常常被视作一种自我强化的胜利循环的开启，它让人们回想起蒂利的格言：国家制造战争，战争制造国家。[116]随着收入的大幅提高，公司可以负担规模更大、能力更强的军队，这就可以把更大的区域和更多的人口置于它的控制之下，收入又会增多，如此循环下去。

英国东印度公司在印度西南部的主要对手是迈索尔苏丹国的扩张势力。在四场接续发生的战争中，迈索尔先是在1767—1769年以及1780—1784年的两场战争中与英国东印度公司进行了旗鼓相当的对抗，之后在1790—1792年被由英国东印度公司领导，由敌对印度政权组成的联盟完全击败，并在1799年被彻底消灭。[117]印度马拉塔联盟在1775—1782年、1803—1805年、1817—1818年的三场战争中被击败。[118]尽管在整个19世纪，英国东印度公司以及后来的英属印度依旧在南亚经历了重要的战役，尤其是应对生死攸关的1857年印度"兵变"[1]，但这些战役的目的都是实现扩张和维持英国的霸权。人们很容易将最终的胜利视作必然，并且从结果回溯来解释18世纪军事趋势的关键作用。[119]然而，需要注意的是，英国东印度公司与迈索尔和马拉塔的战争，在胜利的天平决定性地偏向英国人前，战争双方在大部分时间内都旗鼓相当，并非从头到尾都是西方高唱凯歌。[120]

---

[1] 指1857年以印度士兵为主导的印度民族大起义，英国在当地招募的土著士兵和封建王公积极参与了这次波及全印度的大起义，一度沉重地打击了英国在印度次大陆的殖民统治。——译者注

## 解释英国东印度公司的胜利：技术和战术

如何解读英国人取得胜利的原因？乍看之下，军事革命论似乎对这一在19世纪中叶完成的进程提供了有力的解释：西方，至少是英国，在南亚统治了广大的区域，其中居住了差不多2亿人。[121] 一种观点认为，引入以操练和先进火药武器为基础的新式欧洲战术，将南亚的欧洲人从边缘化的、微不足道的海上玩家变成了与当地人平起平坐的竞争者，直至英国建立霸权。[122] 事实证明，训练有素、配备手持燧发枪、纪律严明的步兵胜过骑兵和个人的勇武。

然而，马上有人质疑技术和战术优势是决定性的这一观点：

> 欧洲人掌握了更先进的军事知识这一说法与事实不符：在掌握相同知识的情况下，战场上的结果却存在差异。印度政权如此广泛地雇用欧洲雇佣兵，使得在18世纪下半叶，欧洲和印度在军事知识方面的差距难以保持。[123]

从广泛的角度看待欧洲人与亚洲人之间的军事技术转移，肯尼思·W.切斯（Kenneth W. Chase）[1] 提醒我们要注意警惕一种"无意识的双重标准"：当专家们从意大利前往英国时，

---

[1] 肯尼思·W.切斯：克利里、戈特利布、斯蒂恩和汉密尔顿律师事务所的一名律师；在哈佛大学获得东亚语言与文明博士学位，在斯坦福大学法学院获得法学博士学位。——编者注

这被视作对新思想的推广；当他们从意大利前往土耳其时，这突然就成了遗患无穷的对外国技术的依赖。[124] 卡西克·罗伊（Kashulik Roy）[1]和其他学者热衷于强调转移和适应是双向的，欧洲人同样从南亚学到了东西。[125] 除了学习技术，比如制作火箭弹，欧洲人还通过采用当地人的骑兵战术来提高自己军队的战斗力；实际上，欧洲人所学到的最重要的课程可能是当地人供给军队以及为军队提供资金的方式，由于军事历史学家只关注特定的战役，这一点常常被忽视。[126]

历史学家常常争论的是，欧洲人究竟在多大程度上从火药武器的优势中获益。一些16世纪的葡萄牙资料宣称当地人的火炮跟葡萄牙人的火炮一样好，甚至胜过葡萄牙人的火炮。[127] 罗伊坚持认为，在18世纪早期，欧洲和亚洲的火炮性能存在代差，但这一代差到1770年就不存在了，也就是说，英国东印度公司的大部分胜利是在它的技术优势消失后取得的。[128] 即使是切斯，虽然他把先进的火药武器作为他关于西方崛起的解释的核心，但也指出南亚"在陆地上，欧洲人的火枪和手枪也在很多情况下比当地武器先进，但直到工业革命之前，都没有先进到足以抵消欧洲人在数量上的劣势"[129]。即使欧洲人率领的军队的确拥有更先进的武器，但这也不太可能是他们取得全面军事胜利的主要原因。要考虑到其他因素的重要性，例如后勤、外交、财政，以及他们对海洋的控制。[130]

那么，军事革命论的另一关键组成部分，在战场上的军

---

[1] 卡西克·罗伊：印度贾达珀大学历史系副教授、挪威奥斯陆和平研究所高级研究员。——编者注

队规模又如何呢？[131] 这也是1500—1700年间西方扩张历史上明显缺失的一个因素。虽然在一些情况下，由欧洲人率领和训练的较小规模的军队可以击败数倍于他们的南亚对手，由法国和英国东印度公司指挥的军队从18世纪40年代起开始稳步扩张。到1790年，英国东印度公司拥有超过7万人的军队。[132] 从18世纪50年代起，英国或法国东印度公司的军队开始补充进由英国或法国王室统领的常规陆军和海军部队的士兵，但这并没有挑战两个公司的主导权。在英国的例子里，"大臣们几乎对印度一无所知，看起来没有任何意愿就战争应该如何进行发表看法……他们一般让（英国东印度公司）董事局秘密委员会起草下达给前往印度的海军上将或陆军高级军官的大致命令"[133]。即使欧洲人在18世纪晚期投入战场的军队比他们自第一次到达东方以来所集结的所有部队规模都要大，按照南亚17世纪或者16世纪甚至中世纪的标准，这些军队的规模也都不算特别大。[134] 更重要的不在于单纯的军队规模问题，而是这一问题连接的支撑军事革命论的两大要素：金钱和行政方式。[135]

## 解释英国东印度公司的成功：军事—财政体系

让我们把注意力从战场上移开。罗伯茨和帕克都相信，只有能够用行政力量抽取必要的金钱和人力的统治者才能组建和维持现代军队。欧洲政权被认为要么适应这种主权国家模式，要么面临灭亡。这些行政和财政要素是军事革命论后半部分的亮点：日益增长的现代战争需要一个中央集权的国家。那么，军事革命论的这一组成部分在多大程度上适用于 18 世纪的南亚呢？

欧洲人和南亚人之间更为重大的差异并不在于人数或技术，而在于组建军队的方式。南亚军队的组建方式往往受到之前的莫卧儿帝国军队的影响，莫卧儿帝国征召了大规模的骑兵部队，这反映了帝国职权分割、职责共担的权力结构。[136] 除了规模相对较小的私人军队之外，皇帝还保留了一支由多民族的贵族组成的扈从军，每个贵族从特定的土地上获得分配的税收，而作为回报，他要提供与奖励的土地大小成比例的一定数量的骑兵。[137] 这种土地奖励是对某种特定收入的所有权，是可以收回的、不可转让的，而并非欧洲封建制度中可以继承的采邑。更为关键的是，这些总人数在 10 万~20 万之间的庞大骑兵部队，效忠的对象是特定的贵族，而非皇帝或帝国。[138] 他们消耗了整个帝国大约 80% 的土地收入。[139] 贵族也是地方长官。[140] 此外，扎米达尔（zamindars，意为"地主"）统治着较小的土地并对其征税，还保留着自己的部队。[141] 后者在巨大的军事雇佣市场中占据了很大的份额，这一市场总量高达 400 万人，莫卧儿帝国正是从这一市场中挑选人员，补充其贵族骑兵部队。帝国的军队中没有正式的官职和头衔，而且国家财力充足，发动战争通常由国库直接支持，而不像欧洲国家那样依靠借贷。[142] 莫卧儿人将火药武器纳入他们既有的以骑兵为基础的战争方式中，进一步驳斥了军事革命论的核心观点：某种特定的军事技术必然需要特定的战术和制度来支持。[143]乔斯·高曼（Jos Gommans）[1]、哈桑和安德鲁·德拉加尔萨（Andrew de la Garza）[2]认为，莫卧儿统治者通过吸纳军事投机者和当地政权的领袖，在建立帝国方面收获了丰功伟业，但也给其解体埋下了祸根，[144]而分割、拼凑的政治权力模式对于塑造后莫卧儿时代的政治和军队有着至关重要的影响。

这些后继政权倾向于通过以下方法来组建军队：召集军阀组成的同盟，从当地的军事雇佣市场中征兵，用欧洲雇佣军来补充其军队。[145]尽管这些方法使得它们可以组建与欧洲人领导的军队旗鼓相当、相抗衡的大规模军队，但这些方法背后的财政—军事安排是十分脆弱的。[146]仅举一例，同盟、军阀和雇佣兵都可能被收买，或是在战斗时作壁上观，或是改换门庭。英国东印度公司再一次仿效莫卧儿帝国的先例，在包括1757年普拉西之战在内的若干关键时刻都让"收买"这种策略发挥了巨大的作用。[147]即使不考虑直接的诱惑，由效忠于不同军阀的不同人马组成的军队肯定是很难被指挥的，而且如果战场局势对他们不利，他们可能会立即散伙。[148]"西达（sirdar，意为'军阀'）并非中央政府可以随意调遣的官僚。他们是拥有世袭地产和维持私人军队权力的军事投机者。"[149]另一个问题是，通过让渡税收权来扩大领土和军队，这让中央统治者的金库日益枯竭，难以持续给部队提供供给

---

[1] 乔斯·高曼：莱顿大学历史学院殖民地和全球历史教授。——编者注
[2] 安德鲁·德拉加尔萨：路易斯安那大学拉斐特分校历史与地理系讲师。——编者注

和向雇佣军支付费用。[150]这些潜在的弱点在短期内是可以被控制的，然而持续数十年不间断的战争和接二连三的战役使这些问题变得更加尖锐了。这也让莫卧儿帝国更难从某次打击，比如在一场战斗中失利或失去领袖中恢复过来。

在某些方面，试图对这样的军队进行西方化改造，造成的问题不少于它要解决的问题。为同一个当地统治者服务的军阀和欧洲雇佣军军官之间的关系往往十分紧张，前者拒绝服从正规的指挥系统。为了呼应自己早先在南亚问题上提出的观点，布莱克强调，南亚政权按照欧洲标准改革军队的尝试，有时候实际上降低了而非提高了其军事效率。[151]

意料之中的是，在漫长的战争和接连不断的战役中，为这些新型大规模军队提供供给和支付费用，也给英国东印度公司带来了巨大的财政压力。当法国东印度公司可以依赖王室的时候，英国东印度公司只能主要依靠自己的资源，不过后来它也得到了英国王室军队的支持，尤其是皇家海军的支持（但英国东印度公司不得不为此买单[152]）。

英国东印度公司拥有一个关键优势，与莫卧儿帝国在其全盛期所拥有的优势相似，那就是更强的"购买"军事胜利的能力，无论是通过收买对手这种直接形式，还是通过保证雇佣军一直能得到报酬并确保其军队得到良好的供应这类间接的形式。[153]正因为在支付薪水方面十分可靠，英国东印度公司成了许多雇佣军偏爱的雇主。[154]虽然英国东印度公司一点儿也不排斥雇用军阀，而且同样高度依赖非常备的骑兵，但它还是组建了一支在当地招募、不断扩大的常备军，并与

第二章 主权公司和东方帝国    123

士兵们签订了长期合同。[155] 这些军队都是按照欧洲军队的模式进行组织的，一般由50名欧洲人率领2000名左右的士兵。除了正常薪水，士兵们还被保证会获得退休金。这些武装力量构成了英国东印度公司军队中可靠的核心力量，而这恰恰是大部分其他南亚政权所缺乏的。

英国东印度公司优越的财政能力部分来自它对属地内土地税收制度的调整，调整后中间人拿走的份额减少了，[156] 而该公司积累的军事胜利则为其带来了更多的战利品和贡金。[157] 不过仅仅靠这笔收入是不够的，所以英国东印度公司不断借债以支付战争费用，而90%的信贷都来自当地借款人。结果英国人几乎耗尽了对手和敌人可能获得的信贷。[158] 即便如此，英国东印度公司无疑仍然感受到了压力，在1803年一场针对马拉塔联盟的战争中几乎走到了破产的边缘。公司的收入负债率（收入与债务的比例）从1793年的120%上升到1809年的300%以上。[159]

## 以1750年之后的南亚评价军事革命论

那么，考虑到所有的因素，军事革命论是如何解释英国东印度公司在18世纪下半叶崛起并统治南亚的呢？认为先进的西方火药武器技术（如燧发枪）和战术（如齐射火力）本身就具备决定性，或者甚至将其视作解释欧洲人统治的关键要素的观点，似乎是站不住脚的。[160] 即使不考虑欧洲力量比如荷兰东印度公司和葡萄牙人18世纪时在军事上弱于南亚政权的情况，由于武器和知识在各方之间转移，这方面的差距也是可以忽略不计的。大量证据支持的是另一种观点，即英国东印度公司优越的制度和财政能力使其最终得以战胜诸多南亚和欧洲对手。

然而，鉴于军事革命论只是对战场上发生的事情的部分解释，财政和行政能力这两个潜在的决定性要素可能更适合解释1750—1800年期间的南亚。帕克等学者强调，从长远来看，军事胜利是以国家构建为基础的，国家构建的目的是组建和维持更为现代和高效的陆军和海军。根据这种达尔文主义的逻辑，政权要么符合这种形式去适应竞争，要么出局。如果英国东印度公司取得胜利，更多的在于其建立和维持了一种可持续的军事、财政和行政官僚体系，在于这一体系可以让它比南亚的对手更持久地、年复一年地将高效的军队投入战场，那么这是不是验证了军事革命论呢？

考虑到军事革命论中的要素范围之大，已经包含了全部知识层面，要是说军事革命论的某些方面在南亚行得通，那可能就把门槛定得太低了。将军事胜利解释成先进武器和（或）战术和（或）纪律和（或）战略和（或）政体等财政—行政方面的制度性特征，这样囊括一切的观点几乎不可能经不起检验。很难想象当其中一个或多个要素缺失时，会出现什么样的结果。该理论不是一个提供所有可能原因的菜单，让我们可以在一个特别设定的基础上对要素进行选择、混合和匹配，而是一组相互关联的部件。本书之前总结的结果和逻辑推导过程极少能够契合这一时期的南亚历史。

虽然国家构建理论中的军事—财政部分比技术—战术部分更具说服力，但它也面临着明显的问题：英国东印度公司是一个私人公司，或者说至少是一个公私混合体，却能够击败国家，无论是欧洲国家（葡萄牙和法国）还是亚洲国家。无论将英国东印度公司简单地看作英国国家的延伸，还是看作一个独立的国家实体，都是经不起推敲的。[161] 英国东印度公司是一个私有的股份制公司，又是莫卧儿皇帝的附庸，还是多个南亚附庸国的宗主国，是它治下日益庞大的人口的直接统治者。除了它的法律地位之外，实际上，在18世纪，聚集和控制大量的部队和财富用以征服南亚的是英国东印度公司本身，而非王室或议会。尽管在英国东印度公司与法国和其他欧洲强国的关系方面，英国政府可以行使否决权或领导公司，可以派出部队和战船去击退这些欧洲竞争者，却不太可能让自身陷入与亚洲强国相关的事务中。尽管英国东印度公司在之后的19世纪臣属于英国国家，丧失了其大部分商业特质，但这发生于它在次大陆建立霸权之后而非之前。

## 结论

总之，将欧洲与莫卧儿帝国的关系和欧洲与中国之间的关系进行比较，我发现一些有趣的相似和不同之处。其一，最为明显的是欧洲陆军在规模上远不如亚洲帝国的陆军。19

世纪之前，欧洲和亚洲帝国之间很少有长期的战斗，主要是因为欧洲人现实地认识到他们可能会输。因而，在这方面并没有任何军事革命带来优势的迹象。其二，欧洲人在军事上处于劣势，意味着他们会对亚洲强国态度友善，而且往往需要向其正式表示臣服。这是一种最为典型的权宜之计，尤其考虑到欧洲人对贸易权的渴求。其三，如同在非洲一样，没有一个亚洲强国像欧洲国家那样痴迷于控制海路或者海洋贸易，这使得双方更容易达成妥协或协议。这里的结论与许多学者的看法相呼应："如果我们在近代早期的欧洲文化和印度文化之间寻找差异性，最明显的差异就在海岸线上……欧洲人力图武装海洋的方式对于印度人来说是闻所未闻的，在印度，海洋贸易长期以来就是自由的，而且在很大程度上与政治权力是分离的。"[162] 其四，包括18世纪晚期的英国东印度公司在内，当欧洲人在陆地上作战时，他们基本上都要依赖当地盟友。

支持军事革命论的人将18世纪中叶的南亚视作西方扩张的转折点。在这一时间节点，军事革命的优势终于姗姗来迟地上场了。但这类观点实际上恰好间接认可了本书的核心批评和积极论点：在这一时间节点之前，欧洲在美洲、南亚、东南亚及非洲的扩张，必须归结于其他因素，至少在陆地上的扩张是如此。尽管帕克著作的副标题里的时间范围是1500—1800年，但他的核心论点将这一时间范围缩短到了1500—1750年。[163] 帕克的著作有一个令人费解的特点，那就是他广泛而精妙的历史调查常常与他关于军事革命和西方崛起的相对简洁的论点不符。这一点再次引发了这样不严谨的做法：用之后工业时代的趋势和缘由，往回解读其实情况大不相同的近代早期阶段。

最后的问题是关于组织学习的范式—传播模型的说服力。在近代早期，南亚的确引进过大量的军事技术。莫卧儿帝国的军事系统本身就是蒙古、土耳其和波斯模式的混合体。16世纪，南亚人热情地接受了火药武器，而在引进新技术这件事情上，奥斯曼帝国扮演的角色分量至少不逊于欧洲人。在18世纪，像迈索尔的蒂普苏丹（Tipu Sultan）这样的统治者试图效仿欧洲军队，并且对西方雇佣军有着强烈的需求。但正如我在导论中所阐述的，要使范式—传播模型的逻辑成立，需要具备一些特定条件：了解因果关系必须相对容易（通过简明的关系和大量的信息），对环境的了解必须快过环境本身的变化，必须有可能通过改革来将所学付诸实践。回顾之前章节所展示的史料，这些条件中的任何一条都很难确保。

关于在战争中组织学习的困难，可以用16世纪的一个例子来说明。[164]1519年，统治南印度的毗奢耶那伽罗（Vijayanagara）帝国与比贾布尔（Bijapur）的苏丹国发生了战争。比贾布尔拥有数百门大炮，然而毗奢耶那伽罗帝国却没有多少大炮，相反依赖的是它的骑兵、弓箭手和战象。在最终的战斗和围城中，"近代的"比贾布尔却被"落后的"毗奢耶那伽罗彻底击败。双方都将结果解读为需要强化既有军队结构，被击败的一方加倍地想要获取更多的火药武器。尽管他们对火药武器作用的认识截然不同，比贾布尔和毗奢耶那伽罗的结局却是一样的，这两个政权后来都被莫卧儿帝国吞并了。

在所有方面，18世纪的南亚都在快速地变化，莫卧儿帝国的缓慢瓦解既是社会经济变化的原因也是其结果。欧洲人第一次成为当地政治中的主要玩家，18世纪30年代和18世纪60年代波斯和阿富汗人的入侵，西北方向也产生了新的威胁。诸多政权都试图将它们从内部和外部获得的新旧军事思想、技巧和技术加以融合。在这样一个动荡不安的年代，变化如此之多，稳定却如此之少，比环境变化更快地学习的机会非常少。

第三章

# 同一背景下亚洲对欧洲的入侵

当欧洲人开始向亚洲扩张的时候，亚洲人也在向欧洲挺进。实际上，在16世纪和17世纪，亚洲统治者控制的欧洲领土和人口可能比欧洲人控制的亚洲领土与人口更多。这种情况一直持续到18世纪50年代才结束，当时英国军队开始征服南亚的大量人口。即使在这时，也是一个拥有主权的公司，即英国东印度公司，而不是近代欧洲的主权国家，担任征服的代理人，而且英国东印度公司要向一个亚洲帝国（莫卧儿帝国）宣誓效忠。近代早期在欧洲征战的亚洲人是奥斯曼人，这个起源于中亚的突厥语族群体在欧洲、非洲和中东差不多打下了一个跟罗马帝国规模相当的帝国，自1453年以来，它的中心就建立在罗马最后的首都——君士坦丁堡。从16世纪直到17世纪末，整个欧洲都认为奥斯曼人对其生存构成了威胁，所以对其心存畏惧。[1]

为什么奥斯曼帝国对于本书的核心观点非常重要？本章

的第一部分会解释为什么作为欧洲人数个世纪以来的主要非西方敌人，作为唯一与欧洲强国持久而激烈交战的敌人，奥斯曼帝国可以最好地检验这个观点：东西方之间的军事平衡在不断地变化。下一个部分，我将简要概述一下奥斯曼帝国的军事体系。最重要的一点在于奥斯曼帝国高效地将不同风格的战争技术组合和对其进行改造的能力，更重要的是他们积极地参与了被认为决定军事革命的重要创新。奥斯曼帝国有一支配备枪支的常备步兵部队，由苏丹直接指挥，这支军队由复杂的官僚后勤体系提供充足的供应，并由中央税收支付薪水，这些做法都远远早于欧洲大国。

然后我会考察奥斯曼帝国与中欧及巴尔干半岛不同的欧洲对手之间的战争，这些战争一直是西方历史学家关注的焦点；我也会考虑奥斯曼帝国与欧洲军队及当地原住民之间在北非的竞争，这一点此前很少受到关注。一直到19世纪，欧洲在北非的伊斯兰敌人手中屡遭挫败，这一历史事实彻底否定了西方海外扩张横扫一切的说法。鉴于西班牙人和葡萄牙人在他们失败的跨地中海远征中投入的资源，远远多于他们在跨大西洋远征或远征东方中的投入，这些失利就更加显眼了。在军事革命的关键百年里，即1550—1650年，奥斯曼帝国在欧洲都表现出强势的姿态，直到18世纪后半叶才开始走向衰落，而且是败在俄罗斯人手中，这一事实与传统叙述的论点格格不入。与荷兰或瑞典等所谓的现代典范相比，奥斯曼帝国在军事和地缘政治上取得了更广泛、更持久的成功，这是一个奇怪的、被低估的事实。

最后一点引导我探讨一些重要的一般性主题。将奥斯曼帝国和前两章所考虑的历史证据置于同一背景中，我们可以发现很多关于1500年以来西方统治的神话都建立在普遍存在的时空偏见上。首先是地域上的偏见。一种以欧洲为中心的解读，认为一系列技术、军事和政治上的变革都因军事革命的需要而发生，因此这些变革带来的唯一可能的结果就是发生军事革命。如果考虑到其他地区的证据，我们会发现这种解读站不住脚。最重要的革新，比如由庞大的行政机构支持、装备火药武器的职业常备军，最先在亚洲出现。此外，同样的火药技术被极为不同的制度体系成功地接纳，这一事实驳斥了欧洲内外决定论式的因果关系论调。而时间的偏见则导致人们将西方在19世纪的统治期视作定义近代本质的时期，而之前数百年的历史都被解读为西方必然胜利的先声。非西方政权被描绘为仅仅坐等失败到来。

## 奥斯曼帝国概况

13世纪末，奥斯曼人从安纳托利亚西北部开始他们对巴尔干半岛的征服，并于1453年占领了君士坦丁堡。苏丹自此以后就宣称继承了罗马皇帝的衣钵。在接下来的50年里，奥斯曼人开始统治巴尔干半岛，并在一定程度上通过确保克里米亚鞑靼人的附庸国地位，将他们的霸权扩张到黑海沿岸。[2]他们最为辉煌的征服发生在帝国的南部和东部，然而军事历史学家通常对此轻描淡写。[3] 1514年，在具有决定性意义的查尔迪兰（Chaldiran）战役中，奥斯曼人击败了萨非波斯军队，又通过随后的几场战役，征服了安纳托利亚东部和美索不达米亚北部。在苏丹塞利姆一世（Selim I）的率领下，奥斯曼人在1517年摧毁了马穆鲁克奴隶军建立的帝国，夺取了埃及和叙利亚，将帝国疆域扩大了一倍，达到150万平方千米。[4] 后来的征服让最高朴特（Sublime Porte）[1]控制了巴格达、也门、北非、西高加索和东地中海，占领了波斯湾和红海的入口。奥斯曼帝国的统治者宣称将麦加和麦地那两座圣城纳入自己治下，并给自己冠以哈里发的头衔。奥斯曼帝国还组建了一支强大的海军，并且派遣远征军和炮兵去援助远在古吉拉特邦、埃塞俄比亚、乌兹别克斯坦和苏门答腊[5]的盟友，进一步扩大了他们的影响力。

然而，历史学家关注的焦点通常是奥斯曼帝国在1526—1541年征服匈牙利大部分地区之后进军中欧。这使奥斯曼帝国与哈布斯堡家族及其不断变换的基督教盟友之间展开了长期竞争。这些盟友包括威尼斯、波兰—立陶宛联邦和俄罗斯的罗曼诺夫王朝。1683年，奥斯曼帝国的疆域扩张至顶点，[6]之后从17世纪末开始，它在欧洲的扩张开始收缩。[7] 尽管直到18世纪30年代末，它在对抗俄罗斯和哈布斯堡家族的战争中取得了一些威名赫赫的胜利，但之后俄罗斯令人信服地取得了一系列对奥斯曼帝国战争的胜利。

---

[1] 最高朴特：Sublime Porte的音译，直译为最高大门，意指宫廷的大门。这一概念源自拜占庭，当时皇帝在宫廷的大门处宣布决定或法令，奥斯曼苏丹后来也接纳了这一传统。所以这一概念被用来代指奥斯曼帝国的中央政府。——译者注

## 奥斯曼帝国：对军事革命论的检验

为什么奥斯曼帝国是对军事革命论的最好检验？初看之下，关于基督教欧洲强国与奥斯曼帝国之间斗争的基础编年史似乎支持了军事革命论的论点。在军事革命发生之前，奥斯曼人不断地击败他们的西方对手，兵临维也纳城下。但一旦西方军队开始近代化，欧洲人就能更有效地抵挡苏丹的进攻。后来，神圣罗马帝国皇帝及其盟友的军队吸取了三十年战争的教训，在17世纪末，他们首次重创奥斯曼人，而后者在18世纪和19世纪的失利更是屡见不鲜。帕克将奥斯曼帝国与莫卧儿帝国和萨非帝国归为一类，即都拥有近代军事技术，却依然跟不上他们的欧洲对手，因为伊斯兰帝国被认为无法调整他们既有的军事体系和政治制度。[8] 有关火药帝国的论点由马歇尔·霍奇森（Marshall Hodgson）[1]首先提出，之后由麦克尼尔深化，[9]这一论点同样认定奥斯曼人必然失败，它假定奥斯曼人最初对火炮的使用将他们导向了政治集权，这阻挡了他们走向更进一步的改革。

近代早期是西方不可阻挡地获得进步的时期之一，与这一默认的预设不相符的是欧洲人在北非的情况，实际上，在整个近代早期，这里都是西方人的绝望和失败之地。西方的败退和失败，没能成功的征服，与西方的胜利拥有同样的重要性与启发性，但过多关注成功而忽视失败，这使得整体画

---

[1] 马歇尔·霍奇森：美国芝加哥大学的伊斯兰研究学者和世界历史学家，曾担任芝加哥社会思想跨学科委员会主席。——编者注

面出现了扭曲。因此，布莱克注意到，人们倾向于把从科尔特斯和达·伽马，到1757年的普拉西战役，再到19世纪的种种西方胜利联系在一起，编造出一个西方连续四个世纪保持统治地位的虚假故事。[10]

正如一些历史学家所指出的，从很多方面来看，奥斯曼帝国和欧洲的基督教强国之间从15世纪到20世纪的战争是最为明显的试验场，可以检验关于西方和世界其他地方之间不断变化的军事平衡的争论，但这场持续数个世纪的战争在本书中得到的关注可能会比读者期待的要少。[11]当人们将军事革命论应用于前几章提到的诸多远征战役时会出现问题，奥斯曼帝国的例子则能够解决其中许多问题。当人们运用军事革命论来解释欧洲人——无论是前往美洲的征服者，还是前往东方的葡萄牙人、荷兰人或英国人——的扩张时，反复出现的问题是这些微型远征部队与同一时期在欧洲参与大国战争的军队毫无相似之处。在18世纪50年代之前，欧洲远征军所参与的基本上只是小规模冲突，而非持久的战争。只有后者才能考验双方的制度或社会经济特质（阿兹特克人和印加人除外）。

因为在美洲、非洲和亚洲活动的私人冒险家和主权公司没有部署"真正的"欧洲军事部队，或者至少是在欧洲参与大国战争而被召集起来的陆军和海军，所以很难断定西方大国是否从军事革命中获得了相对于其非西方敌人的明显优势。一个简单的事实是，在工业革命之前，除了对抗奥斯曼帝国之外，没有任何一个欧洲大国曾对亚洲大国发动过大规模战争。基于这个原因，再加上大部分西方的海外部队与国家只有非常松散的联系，我们就很难检验军事革命论的关键部分，即高强度的战争迫使参战者在政治、社会和经济上进行变革，尤其是这样的军事竞争带来的财政和行政需要催生了中央集权的主权国家。然而，无论从哪方面来看，因为奥斯曼帝国都是一个例外，因为奥斯曼人在中欧、巴尔干、地中海和北非与欧洲人交战了 500 年，因此为验证军事革命论的核心内容提供了最好的案例。

既然奥斯曼帝国和欧洲基督教力量之间的对抗，对于检验军事革命论来说是如此引人注目的一场测试，将欧洲内部的发展以及它与其他文明之间的军事力量对比联系起来，那么它为什么没有得到更多的关注？一个原因是帕克、罗伯茨等学者认为，在战争方面，近代早期的革命集中在欧洲大陆的西半部（尼德兰、法国、意大利、德意志诸邦、瑞典和西班牙），而东欧人在采纳关键创新方面是滞后和不完善的。[12] 至于波兰—立陶宛联邦（它的毁灭正是学者们最喜欢引用的故事，用来警示一个国家若跟不上军事趋势会有怎样的结果），[13] 帕克认为，考虑到它面对的是相对落后的奥斯曼帝国和鞑靼军队，它继续致力于以骑兵为主的军队是有道理的。[14] 对于与奥斯曼人作战的哈布斯堡军队，帕克也有类似的点评，[15] 尽管他在其他地方确实把这些部队视作军事革命的产物。[16] 此外，他认为奥斯曼人只是"不太完美地实践了"军事革命。[17]

然而，从围城和野战两个方面来看，人们很难坚持认为这条战线上的战争在某种意义上是落后的，或者与西欧的军事变革脱节。加博尔·阿戈什顿（Gabor Agoston）[1]坚定地断言，从16世纪末开始，在匈牙利对抗奥斯曼帝国的哈布斯堡军队是通过采用军事革命的核心举措才取得了胜利[18]："早在16世纪末，在对抗奥斯曼人的战场上，哈布斯堡王朝部署的部队就采用了欧洲最先进的军事科技和战术。"[19] 罗伯茨、帕克等学者认为，塑造帝国军队的是尼德兰战场的西班牙—荷兰战争的经验，这场战争正是军事现代化革新的源头。而得益于三十年战争的影响（记住，帕克认为1550—1650年是军事革命的关键时期），[20] 哈布斯堡军队有了更深入的变革。军事革命论的支持者再一次将哈布斯堡军队置于军事革命的前沿。这些变革包括提高火枪手的比例，进一步提高军官的比例以执行更为复杂的战术行动，增加操练，集中指挥，以及组建军事训练学院和图书馆。因此，最晚从16世纪90年代起，奥斯曼人在匈牙利及其周边地区与欧洲所能派出的最为先进的部队作战。尽管阿戈什顿看到哈布斯堡王朝的集权化进程，但即使在1648年签订了《威斯特伐利亚和约》之后，具有明显的联邦特征的神圣罗马帝国的财政和军事支持依然十分重要。神圣罗马帝国与中央集权的主权国家迥然不同，不过，哈布斯堡王朝的疆域虽然复杂，却明显比尼德兰的七个省更加统一（一位著名的历史学家认为尼德兰更像是一个联盟而非联邦）。[21] 尼德兰的每个省都有其独立的海军和陆军，并对共同决定保有否决权。令人惊讶的是，历史学家和其他

---

[1] 加博尔·阿戈什顿：美国乔治城大学历史系副教授，奥斯曼帝国研究专家。——编者注

学者很少考虑这样一个事实：被视作近代早期欧洲最为先进的国家尼德兰和通常被认为最不成功的国家波兰—立陶宛联邦，在鲜明的分权特性上有着显著的共同点，它们在政治决策形成方面都有着多重否决权。[22]

考虑到这些事实，我们很难不赞同这样一种观点：如果军事革命论准确的话，那么从 16 世纪中叶开始，"从逻辑上说，哈布斯堡王朝不应该仅仅是遏制土耳其人，而应该击退他们"[23]。但直到一百五十年之后，这一切才发生。帕克宣称军事革命的关键革新发生在 16 世纪，而克利福德·J. 罗杰斯（Clifford J. Rogers）[1]把军事革新的突破点置于更早的时候，他认为从 15 世纪步兵和火炮崛起之后，突破就开始了，[24]而这两项革新在他看来对于西方人的海外霸权至关重要。[25]不管欧洲军事革新发生的具体时间，革新发生得越早，奥斯曼帝国的例子就显得越重要，而奥斯曼人强劲的表现也就让西方拥有军事优势的理论受到更大的考验。此外，奥斯曼人在北非成功地击退了西班牙人，后者在 16 世纪的大部分时间里都被视作军事现代化的典范。这就成了奥斯曼帝国在军事上比欧洲军队更具效能的第二个例证。在北非这个舞台上，摩洛哥人和葡萄牙人也展开了大规模的战斗。总而言之，巴尔干和北非边界成了最好的试验场，可以用来检验宣称西方在近代早期就拥有军事优势的论调。[26]

---

[1] 克利福德·J. 罗杰斯：西点军校历史学教授，还是英国斯旺西大学莱弗胡尔姆访问教授、耶鲁大学奥林军事和战略史研究员，以及伦敦历史研究所的富布赖特研究员。——编者注

尽管海军在穆斯林和基督教势力之间的竞争中也起到了至关重要的作用，但这一领域对于检验军事革命论不是很有用。在近代早期的大部分时间里，地中海上的海战主要使用的是桨帆船，而非配备火炮的远洋船只。这究竟是总体上落后的证明，还是因为桨帆船只适用于不同于大西洋、印度洋和太平洋的水域条件，依然是一个有待讨论的问题。[27] 安德鲁·C. 赫斯（Andrew C. Hess）[1]认为：

> 火炮的射程太短——200～500码，而且表现无法预测；缺乏足够柔软的帆索以适应地中海地区的微风；吃水过深；这些都限制了大西洋船只对抗地中海地区的桨帆船时的效能。在地中海地区，桨帆船在无风天气和浅水区域的操控性及其抢滩能力，往往抵消了大西洋远洋船只更强的火力和巡航能力。[28]

无论如何，直到19世纪，奥斯曼人始终成功地守住了他们在地中海上的岛屿和沿海领土，同时通过巴巴里海盗骚扰他们的基督教敌人，所以很难把这一时期坚持使用桨帆船视作重大的战略失误。[29]

---

[1] 安德鲁·C. 赫斯：美国塔夫茨大学弗莱彻法律与外交学院外交学教授、中亚和伊斯兰文明项目负责人。——编者注

## 奥斯曼帝国的军事体系

奥斯曼帝国军事成功的关键在于奥斯曼人灵活地结合了风格截然不同的战术：从草原上的骑马弓箭手到装备火药武器的职业常备步兵编队，到强大的攻城工兵和炮兵，再到强大的战船部队。从14世纪到16世纪末，奥斯曼帝国的大部分军队都是由骑兵组成的，他们的招募制度让人联想到莫卧儿帝国。个人被授予从一块特定的不可继承的土地上获得收入的权力，作为回报，他们被要求作为装备齐全的骑兵服役，并且要配备一定数量的随从。在16世纪，这些被称作西帕希或提法里奥特的骑兵部队的人数是5万~8万。[30]

从14世纪末开始，苏丹也维持着一支领取薪饷的常备军，由皇家禁卫骑兵、炮手，特别是耶尼里沙军团（"新军"[1]）组成。在1400年至1650年间，耶尼里沙军团的人数是2万~3万，[31]其成员是军事奴隶，在幼时就从苏丹的基督教臣民中被掳来，之后被训练成步兵，从16世纪早期开始使用火枪。值得注意的是，奥斯曼帝国这么早就组建了一支庞大的常备军，远远领先于他们的欧洲对手。[32]比如哈布斯堡王朝，直到17世纪中叶才首次组建起规模相当的常备军。[33]更多的最新学术著作声称，土耳其禁卫军比他们的欧洲对手早数十年使用齐射战术（齐射战术被视作军事现代化的标志之一）。[34]

---

[1] 新军：即著名的土耳其禁卫军。——译者注

奥斯曼帝国也使用临时的非常规骑兵突袭部队[35]，还从鞑靼附庸那里得到了数万名额外的轻骑兵弓箭手的支持。[36]16世纪，奥斯曼帝国军队中骑兵与步兵的比例为3∶1左右，机动性是其获得军事成功的关键因素，而到了17世纪之后，步兵的占比稳步上升，[37]到17世纪90年代与哈布斯堡王朝作战时，军队中骑兵与步兵的比例已经达到约1∶1。[38]

历史学家普遍认为，至少在17世纪末之前，奥斯曼人的火药技术与欧洲人的不相上下，这是他们战胜波斯人和马穆鲁克人的决定性因素。[39]火药帝国论点认为，奥斯曼人利用大型围攻火药武器取得的早期胜利，造成了不太平衡的竞争陷阱（满足于"够用"的手段，失去了进一步改革的动力），但这让奥斯曼人没能采用轻型野战炮。[40]以直到20世纪80年代才开放的奥斯曼帝国档案为基础的最新著述则显示，这种说法并不属实，实际上，苏丹的军队在君士坦丁堡和帝国其他地方的铸炮厂里，生产着从中型到轻型的全部规格的火炮。[41]切斯在他关于火药武器的百科全书式的著作中总结道："就火药武器而言，奥斯曼人显然是成功的。"[42]墨菲（Murphey）认为，较之许多基督教君主，奥斯曼人对宗教信仰的宽容（比如，苏丹接纳了从伊比利亚被驱逐的犹太人），意味着他们对海外传来的科技也更加开放。[43]

直到18世纪，最高朴特在后勤、财政和征募方面都比它主要的欧洲对手更强。奥斯曼人可以持续地在战场上投入比欧洲对手更强大的部队，他们也能更好地维持其战斗力。[44]苏丹可以从2000万～4000万的人口中征募士兵[45]，这一人口数量大约与法国人口[46]或者查理五世[47]统治下的全部哈布斯堡王朝领土上的人口数量相当（尽管值得注意的是，直到19世纪溃退之前，奥斯曼帝国的人口超过一半是基督徒）。[48]考虑到奥斯曼人要应对风格迥异的各种战争，他们优秀的后勤系统就更加令人瞩目：他们要在美索不达米亚的沙漠中与萨非人交战，在中欧与哈布斯堡王朝作战。得益于在苏丹控制下的铸造厂和造船厂，帝国在火药武器和船只方面实现了自给自足。[49]奥斯曼帝国的海军——一度由统治者直接组建、武装、征召和指挥——与同一时期欧洲依赖私人力量相比，同样也是领先于时代的，[50]虽然奥斯曼帝国也从北非雇用海盗。[51]奥斯曼帝国可以经年累月地召集和维持庞大的陆军和海军，同时不太容易出现毁灭性的破产，而破产在当时是许多欧洲国家的常态。[52]

## 奥斯曼帝国在欧洲的战争

早在14世纪，奥斯曼人就冲进了欧洲，并在随后的两个世纪内征服了巴尔干半岛的大部分地区，然而他们对欧洲腹地的挑战是从16世纪和17世纪开始的。在镇压了巴尔干的多次叛乱后，奥斯曼人开始进攻匈牙利的南部防线，在1521年攻下了贝尔格莱德这一至关重要的要塞城市。1526年，苏莱曼大帝（Suleiman the Magnificent）统率超过10万人的大军直捣基督教领土，在莫哈奇（Mohács）与匈牙利及其盟军遭遇。匈牙利人惨遭碾压，他们的国王[1]在战斗中身亡，这展现了与西方对手相比，奥斯曼人在科技、战术和后勤方面更占优势。事实证明，职业化、训练有素的精锐禁卫军火枪手与先进的奥斯曼火炮一样，是战争获胜的至关重要的因素。[53] 吉尔马丁认为，奥斯曼人在莫哈奇的胜利让他们得以占领匈牙利的大部分地区，并驻守在可以随时打击维也纳的位置（距离维也纳大约220千米），在这一点上，这场胜利与西班牙人和葡萄牙人在欧洲之外的征服相比更具战略意义。[54] 它让奥斯曼人在1529年可以围攻维也纳，虽然他们在战争结束之前没能成功突破城墙。

在政治上，国王在莫哈奇阵亡后，匈牙利内部出现了两位王位继承者：亚诺什·扎波尧伊（John zápolya）和奥地利哈布斯堡家族的斐迪南（Ferdinand）。奥斯曼人支持扎波尧伊，故回师匈牙利作战，以支持扎波尧伊和他的儿子对抗哈布斯堡家族。匈牙利分裂成三个部分：由哈布斯堡家族统治但在形式上独立于神圣罗马帝国的皇家匈牙利；由臣服于奥斯曼人的基督教君主统治的特兰西瓦尼亚；以及由奥斯曼帝国统治的匈牙利领土，这部分最初是由扎波尧伊统治的。1541年，奥斯曼人夺取了布达（Buda），进一步扩大了其控制范围，1551年又进一步占领了匈牙利领土。接下来的16世纪则是一段和平时期，奥斯曼帝国和哈布斯堡帝国将各自的军队分别投入到对波斯和北欧的战争中。

---

[1] 即拉约什二世。——编者注

就像西班牙—荷兰战争一样，围攻而非野战是匈牙利战争的主要形式。奥斯曼人在围城战中展现了无与伦比的强大实力，到1540年时夺取了大量要塞，这些要塞构成了从亚得里亚海到匈牙利北部的防线。[55]哈布斯堡家族从幸存的匈牙利贵族那里，从他们祖先的土地以及从神圣罗马帝国给予的资金中吸取资源，开始着手一项大规模的工程：他们要打造一条长达1000千米的新防线，由精巧的星形要塞固守。然而，这些努力基本上是徒劳的，因为奥斯曼人能够夺取许多这类新式要塞。而在奥斯曼人这边，他们证明了自己在防御上的顽强，尽管基督教势力间的不团结可能对苏丹最为有利。

在停战期间，奥斯曼人在匈牙利保持着2.5万人左右的驻军，[56]因为冲突和低烈度的战争几乎从未停止。在1593—1606年漫长的土耳其战争中，战火又重新燃起，由于基督教附庸在战争后期叛逃，奥斯曼人在军事上和外交上初尝败绩。虽然基督教国家改善了他们在战场上的表现，但奥斯曼人依然可以阻挡他们，并且守住自己先前的胜利果实。[57]与此同时，奥斯曼人在匈牙利西部——显然是其后勤供给可达的最大范围内行动：从帝国的核心地区运送和供应大批军队，意味着奥斯曼人只能在一个相对短暂的时间内作战。[58]在17世纪上半叶的大部分时间里，哈布斯堡家族都在三十年战争的巨大泥潭中苦耗。

奥斯曼帝国最后一次试图夺取维也纳是在1683年。当波兰—立陶宛联邦的骑兵（人们曾认为这类军队被军事革命的进步所淘汰）击溃围攻者时，奥斯曼人早期破坏城墙的努力付诸流水了。接下来的十六年战争给奥斯曼人出了一道难题，他们第一次不得不同时面对他们的基督教敌人组成的统一联盟，即神圣同盟[1]：匈牙利和巴尔干半岛的哈布斯堡家族、乌克兰的波兰人、黑海周围的俄罗斯人，以及在希腊的威尼斯人。奥斯曼人战败了，而且在1699年的《卡洛维茨条约》中让出了他们在匈牙利的领土，同时在其他许多地方做出了让步（其中部分在18世纪初被奥斯曼人夺回了）。然而，与过去一样，学者们（更不用说当时的参与者）很难梳理出其中的不同因素，似乎是因为同时挑战了所有主要的基督教敌人，才导致了奥斯曼人第一次重大的失败。[59]

这种印象被另一个事实所强化，那就是奥斯曼人在18世纪上半叶能够在不同的战争中分别击败俄罗斯人、威尼斯人和哈布斯堡家族，而波兰人则受困于内部纷争和军事衰退。因此，在1737—1739年奥斯曼人和哈布斯堡家族之间的最后一次大战中，是苏丹的军队，而不是神圣罗马皇帝的军队，在1711年战胜彼得大帝（Peter the Great）的俄国军队和1715年击败威尼斯军队之后取得了胜利。虽然哈布斯堡王朝和奥斯曼帝国的军队在1787—1791年又爆发了冲突，但这基本上不过是激烈的俄土战争的一个小插曲。俄罗斯人在此时取得了重大的军事和外交胜利，哈布斯堡王朝却被迫归还之前的战利品，让一切恢复原状。不久之后，神圣罗马帝国就被拿破仑彻底击败进而土崩瓦解。

---

[1] 神圣同盟：在历史上，基督教国家曾多次组成这样的同盟，读者注意将此处的神圣同盟与其他时期的神圣同盟区分开来。——译者注

## 18世纪中期奥斯曼帝国的衰落

如何解释奥斯曼人从18世纪开始的军事衰退？在某种程度上，奥斯曼帝国的败退，反映出的是同一时期英国东印度公司的征服，首先是在孟加拉，然后扩展到整个南亚，这场征服预示着东西方之间的军事平衡将发生彻底的变化。[60] 之前提出的证据表明，宣称欧洲人在1500—1750年间始终拥有军事优势的说法是错误的。但是，在这一时期之后，尤其在19世纪，西方的军事优势变得越来越真实和重要。不过，将19世纪发生的事情代入近代早期是错误的，这会导致我们在理解欧洲相对其非欧洲对手拥有怎样的军事效能时出现极大的偏差。[61]

在奥斯曼帝国力压欧洲对手的1453—1683两百年间，战争不是频繁发生的激烈野战，更多的是围城和持续不断的边界袭扰，这两种形式都是奥斯曼人擅长的。[62] 鉴于帕克认为在火炮时代，攻防要塞的需要是诱发军事、制度和政治变革的首要驱动因素，奥斯曼人娴熟的围攻技巧对于更广泛的军事革命论具有极为重要的意义。然而，在1683—1699年的战争中，出现了异常频繁的野战，多达十五次，而奥斯曼人仅有两次免于失败。[63] 这恰好与奥斯曼帝国的军事和政治从17世纪下半叶开始的重大结构变化相吻合，这一结构变化在接下来的一个世纪中加速发展并进一步深化。迪马尔体系通过授予非世袭地产，换取受益人提供相应数量的骑兵，这一体系的衰落，部分原因是对步兵的需求增加，部分原因是农业收入再也不足以支撑与之相关的军事义务。[64] 这就加大了供养禁卫军的压力，因为这些军队是由国库直接支付薪水，所以给帝国造成了巨大的财政压力。[65] 禁卫军是从帝国的基督教奴隶中挑选出来的，后来逐渐成为一个世袭阶层，他们通过副业来增加自己的收入。[66] 苏丹们开始用临时部队来扩充步兵，后者通常由各行省的当地贵族招募。

反过来，招募步兵又使得这些地方贵族的财政和军事力量不断增强，这导致帝国权力日益分散。[67] 16 世纪，奥斯曼帝国的国库收入几乎占了税收的 60%，到 17 世纪末，地方贵族则控制了 75% 的税收，[68] 后来他们的份额又上升到了 80% 以上。[69] 弗吉尼亚·阿克桑（Virginia Aksan）[1] 做了一个重要的比较，在 1768—1770 年间，英国东印度公司在军事上的花费是苏丹的三到四倍。[70] 新机制倾向于在地方招募临时部队，这带来的一个负面影响是，在战争间歇期，之前的士兵变成了强盗，或者加入反对苏丹的叛军，这进一步恶化了帝国的收入问题。[71] 18 世纪上半叶，奥斯曼帝国传统上动员大规模部队、提供完美的后勤供给的能力，以及从其非正规军鞑靼盟友处获得的支援，大体上还可以确保这些临时部队在面对欧洲敌人时保持战斗力。[72] 然而，经历了一代人的和平之后，奥斯曼帝国从 1768 年开始在与俄罗斯的一系列战争中屡遭失败和灾难。最高朴特的税收进一步大幅下降，军事后勤系统崩溃，由此导致的部分结果是新部队的战术缺陷变得难以承受。[73]

---

[1] 弗吉尼亚·阿克桑：加拿大历史学家，土耳其历史学会的荣誉会员，对奥斯曼帝国的研究兴趣浓厚。——编者注

不管是在当时还是之后，对奥斯曼帝国军事衰落的传统看法，都认为是因为宗教、文化和内部政治上的一些因素共同作用，使苏丹受困于日益落伍的战争模式，而此时欧洲军队却正迅速地近代化。[74] 然而，奥斯曼帝国并没有停滞不前，而是在1650—1800年间经历了快速而根本性的变化。尽管上述这些变化主要是制度上和财政上的，但它们直接影响了不断变革的军事。总的来说，技术并不是问题，因为奥斯曼人和他们的俄国对手都发现很容易从西欧获取武器和专门知识。[75] 18世纪的奥斯曼军队与17世纪的军队有很大的不同，但是一些最重要的变革倾向于削弱而不是提高战斗力。[76] 比如，禁卫军似乎在1700年左右放弃了操练。[77] 如前所述，事实上，奥斯曼人比他们的欧洲对手更早地采用了近代早期军事革命的大部分关键技术，所以帝国军队的运行不会与帝国构建或者现代战争的要求相抵触。但在经历了18世纪末的一系列失败之后，正确的路径到底是通过严格模仿西欧模式来加速变革（假设在更宽松的政治和社会约束下可以实现这种变革），还是试图恢复已经衰落的奥斯曼传统力量，已经变得不甚清晰。一位学者对这个问题做了简洁的阐述："输了这件事可能很清楚，但为什么输或者一次失败对于长期军事潜力来说意味着什么，却往往很难说清楚。"[78]

具有讽刺意味的是，代表欧洲击败奥斯曼人的却是西欧身份最不稳固的那个国家。是罗曼诺夫王朝的俄国，而非哈布斯堡家族，在1768—1829年间赢得了对最高朴特的四次战争。此外，俄国在1686—1699年战争胜利方的神圣同盟中也占有一席之地。鉴于其农奴制的社会基础，以及它可能和奥斯曼帝国一样依赖来自遥远西方的技术转让这一事实，[79]俄国不太可能成为军事革命论的范本，因为它与历史学家和社会科学家心目中现代国家的典范，如荷兰、瑞典、英国和法国相比，都相去甚远。事实上，"落后的"俄国不仅击败了奥斯曼人，而且在1721年大北方战争结束后很早就终结了现代国家典范瑞典的强国地位。[80]帕克、切斯和霍夫曼等学者倾向于认为俄国总是与"错误的"对手也就是游牧民族交战，所以不能充分地从军事竞争中获益。[81]普鲁士的腓特烈大帝（Frederick the Great）甚至充满优越感地将1768—1774年俄国战胜奥斯曼帝国贬低成"独眼龙完胜瞎子"。[82]然而，正如弗罗斯特（Frost）在谈到俄国的胜利时所指出的那样："在20世纪，有一种事实我们非常清楚，即现代军事技术可以使一小群军事化的社会精英在落后和不发达的农业经济基础上获得并保持强权地位。圣彼得的俄国是这一事实的早期证明。"[83]

## 争夺北非

欧洲人在近代早期的海外征战中战无不胜，对于这个观点，葡萄牙人和哈布斯堡家族在北非遇到的困境和失败可以起到有效的纠正作用。这些战役表明，欧洲人在火药技术上的领先是多么的短暂，更为重要的是，它们再次表明，更广泛的背景因素往往比单纯的战场形势更关键。可能是因为

"北非"这个舞台上所发生的战事并不符合西方必胜的标准说辞，所以它得到的关注相对较少。[84]然而，这种相对的无视并不意味着在这一地区发生的战斗只是插曲。奥斯曼人和葡萄牙人都在近代早期用他们有史以来最大规模的船队远征北非，动用的军队力量比在印度洋或美洲的任何行动都要大得多。在1580年之前的一个多世纪里，伊比利亚人一直梦想着将对半岛的重新征服（直到1492年攻占格拉纳达才完成）扩展到地中海的另一边。葡萄牙国王怀着必胜的信念，甚至将自己的头衔改为"非洲海的此岸和彼岸的葡萄牙及阿尔加维国王"。然而，葡萄牙在摩洛哥经历了他们最为惨痛、影响最深远的失败。[85]奥斯曼人及其盟友打败了欧洲人，后来欧洲人花费了极不相称的资金来维持北非沿岸无关紧要的前哨基地。

这些努力见到成效的前奏是葡萄牙人在1415年占领了直布罗陀海峡附近的城邦休达。历史学家认为这次征服的一个动因是经济因素：休达是泛撒哈拉黄金贸易的一个重要站点，周边地区盛产谷物和纺织品。不过，他们也认为，十字军精神是征服休达的更为重要的动因。葡萄牙人多少不太令人信服地声称，作为西哥特人北非王国的合法继承人，他们拥有这片土地的所有权。[86]传教事业虽然大获成功（由国王和他的三个儿子亲自领导），但几十年来，除防卫休达之外，葡萄牙人几乎没有什么后续行动。从1458年到16世纪的第二个十年，葡萄牙人占领并加固了一系列其他港口和前哨站，尤其是在摩洛哥的大西洋沿岸。在重要的方面，他们的成功符合军事革命的模式，因为最初船只和火炮带来的巨大优势让葡萄牙人所向披靡，即使在敌我人数悬殊的情况下，他们也能够占领和守卫像丹吉尔（Tangiers）这样的沿海飞地。[87]哈布斯堡王朝的军队在地中海沿岸的东部地区取得过类似的成功，他们占领了梅利利亚（Melilla，1497年，今天此地依然属于西班牙）和阿尔及尔（1510年）等港口，这部分地归功于军事技术上的明显优势。[88]

然而，在解释这些早期胜利的时候，我们需要注意的是，与军事技术同样重要的因素，是马格里布地区的地方政权因部落内部斗争和长期的继承斗争而四分五裂。然而，甚至在大趋势开始变化之前，欧洲人就开始意识到其征服在战略上的局限性，在非洲和亚洲其他地方也存在类似的局限性。葡萄牙人和西班牙人往往只能在其舰船火力覆盖的范围之内占据优势，但除了从沿海据点发动突袭之外，他们的军队在内陆的战斗力急剧下降。尽管他们可以将当地的一些穆斯林贵族培养成盟友和附庸，但基督徒和穆斯林——尤其是刚从西班牙被逐出的穆斯林——之间的宗教敌意，大大地打乱了他们的计划，让他们的努力付诸流水，原本他们想让当地人顺从地接受自己的统治。经济上，早期的征服带来了回报，撒哈拉地区的贸易被转移到葡萄牙人和哈布斯堡王朝控制的港口。[89]然而，随着其他欧洲入侵者，尤其是北欧入侵者投身于这一贸易，而且当地商人也找到了其他路线，维持北非防御工事和驻军的费用实际上超过了所有可预期的回报。葡萄牙人最终为维持他们在马格里布的定居点所支付的费用，是这些前哨基地产出收入的50多倍。葡萄牙人和西班牙人最终意识到，他们无法在北非获胜，也无法做到收支平衡。[90]他们将资源投入这一地区的决定，以及之后数十年甚至数百年对残留的前哨基地的保留，证明了他们对名望和意识形态的追求超过了对得失的考量。[91]

阻碍并扭转欧洲扩张势头的是两项关键的军事发展，其一是摩洛哥军队的加强和统一，其二是奥斯曼人在征服埃及之后向西扩张。得益于来自西班牙的穆斯林难民、欧洲枪支走私者和叛逃者、奥斯曼帝国炮手和当地的发明创造，摩洛哥人在火炮上缩小了与葡萄牙对手的差距（值得注意的是，为葡萄牙作战的大部分火枪手也是外国人——法国人、德意志人和意大利人）。[92]葡萄牙人失去了一些重要的要塞（比如1515年失去了马莫拉，1539年失去了阿加迪尔），之后又要面对重建剩余要塞的巨额开销：他们要将这些要塞按照现代防御火炮设计的要求加以改造，以对抗伊斯兰敌人的火炮。这种要求必然进一步增加王室在其北非领地上的净亏损。结果，在1542—1545年期间，葡萄牙人撤出了北非，只保留了三个定居点。但更糟糕的事情还在后头。

1578年，年轻的塞巴斯蒂安国王率领一支近2万人的葡萄牙军队——组建这支军队花费了王国年收入的一半左右，在摩洛哥遭遇了彻底的失败，国王本人和一大批葡萄牙贵族在战场上丧生。[93]战场上，摩洛哥人与葡萄牙人在火药武器上旗鼓相当，并凭借卓越的指挥、严明的纪律和善战的骑兵取得了胜利。[94]一位历史学家评价这一事件"无疑是葡萄牙人在海外扩张中所遭受的最大的军事灾难"[95]。塞巴斯蒂安阵亡后，由于王国没有继承人，葡萄牙进入了动荡衰弱的时期。西班牙人趁机发动了闪电般的入侵，最终的结果是西班牙国王也成了葡萄牙国王。因此，葡萄牙在欧洲之外的行动对于王国的独立有着至关重要甚至是致命的影响。

奥斯曼帝国和哈布斯堡王朝在北非的争斗始于1518年。1510年，西班牙军队占领了的黎波里。与此同时，地中海两岸的哈布斯堡据点和船运都受到了土耳其人巴巴罗萨兄弟（Barbarossa Brothers）的威胁，他们是私人军事投机者，集结了实力惊人的海陆大军，曾被不同的雇主雇佣。1517年，奥鲁克·巴巴罗萨（Oruc Barbarossa）请求奥斯曼人援助他，作为对他效忠的回报，此时奥斯曼人刚从马穆鲁克手中夺得了埃及。苏丹同意了，于是他的名字在星期五的祈祷中被诵念，他的形象也被刻在了硬币上，以象征他对这些新领土拥有宗主权。阿尔及尔和突尼斯被设置成帝国的两个新行省（之后以的黎波里为中心建立了第三个行省），奥鲁克的兄弟海雷丁·巴巴罗萨（Hayreddin Barbarossa）成了阿尔及尔总督，后来成为整个奥斯曼帝国舰队的海军统帅。苏丹用船运来大量补给和禁卫军部队，以确保对新领土的控制，并帮助巴巴罗萨击退基督徒。

神圣罗马帝国皇帝查理五世逐渐致力于夺取今天的阿尔及利亚和突尼斯的海岸，一度向征服者埃尔南·科尔特斯寻求帮助。16世纪40年代至70年代，超过三万人的哈布斯堡王朝军队被用于夺取和守卫关键港口，这比1588年被派出征服英国的西班牙无敌舰队的规模还要大。奥斯曼帝国则在1574

年集结了一支十万人的庞大军队来夺回突尼斯,这是他们在整个16世纪耗资最多的远征。他们还组建了一支舰队,比三年前部署在勒班陀[1]的舰队更为庞大。[96]哈布斯堡王朝的据点根据星形要塞的设计进行了现代化的改造,这使得奥斯曼人的进攻任务变得更加艰难,但这些港口最终被证明不堪一击。

在这场奥斯曼人获胜的争夺突尼斯的巅峰之战后,两大帝国都开始将注意力转向别处。西班牙哈布斯堡王朝逐渐专注于对付他们的新教敌人,而苏丹则决定向东打击波斯萨非王朝。当西班牙成功地守住一些前哨站时,奥斯曼帝国的影响力总体上占据了上风。穆斯林的私掠船和海盗船继续袭击海上船只和沿海城镇,他们驾驶着装备火炮的船只,袭扰范围远至英格兰、爱尔兰甚至冰岛。[97]与此同时,在这一时期,奥斯曼帝国的战斗主要针对当地的阿拉伯人和柏柏尔人。苏丹部队严明的纪律和更加先进的火药武器通常被证明是极其重要的。[98]如此一来,欧洲人不管是在海洋征服上,还是在16世纪根据战场形势所做的火药武器革新上,都不再具有垄断地位。最高朴特直到19世纪和20世纪都保持了它对北非的宗主权(尽管通常不是直接控制)。

在考量西方扩张在这一地区受到的限制时,值得注意的是,葡萄牙人投入的士兵、船只和金钱,比他们在其他欧洲之外的远征中所投入的多得多。甚至在葡属印度的第一个关键十年内,在阿尔布开克征服果阿、霍尔木兹和马六甲时,

---

[1] 在1571年的勒班陀海战中,奥斯曼帝国损失了数百艘桨帆船和大量水手。——译者注

摩洛哥依然是葡萄牙人最优先考虑的,他们"不断地投入大量费用,对其进行大规模部署"[99]。葡萄牙人在东方的作战部队几乎从来没有超过2000人,然而1415年对休达的首次攻击就动用了2万人的部队,1478年对付艾西拉(Asilah)[1]时投入了3万人,在1578年最后一次也是最致命的远征中又投入了差不多2万人的部队。[100]正如诺布尔·D.库克(Noble D. Cook)[2]所说:"尽管在亚洲获利如此之多,消耗资源如此之少,里斯本依然将人力与金钱投入摩洛哥。"[101]哈布斯堡王朝也在阿尔及利亚、突尼斯和利比亚派出了类似规模的军队与奥斯曼人作战。因此,葡萄牙人和哈布斯堡王朝在北非未能成功达成战略目标,不能归咎于人力与金钱投入不足。尽管摩洛哥人是在自己的地盘上作战,但基督教势力和奥斯曼帝国都在离他们权力中心大致相同的距离作战。虽然欧洲人的海军力量在早期战胜较小的北非国家中至关重要,但这不足以彻底击败奥斯曼海军(甚至是在勒班陀海战之后),也不足以阻止他们向地中海西部部署和补给大规模远征部队,甚至连镇压巴巴里海盗都做不到。[102]就本书讨论的一个更为宽泛的主题,即军事组织如何在战争中学习(或者不学习),值得注意的是西班牙人如何解释他们在北非对抗奥斯曼人的失败:"西班牙人承认土耳其人的军事能力——尤其是他们的纪律;但基督教徒的失利不应归咎于敌人的力量,而应归咎于指挥

---

[1] 艾西拉:丹吉尔北部的一个防御要塞。——译者注
[2] 诺布尔·D.库克:美国佛罗里达国际大学历史系教授,研究和教学重点是近代早期伊比利亚大西洋世界。——编者注

不力或对行星位置的误判。"[103]

## 关于东西方军事平衡的结论

按照军事革命论和东西力量平衡的说法，我们应该怎样评价奥斯曼帝国呢？首先，要正确地划分时段，并且不能弄错年代，这一点很重要。1400年至1650年，奥斯曼人是欧洲和地中海地区最为成功的征服者，在其后的一个世纪里，他们基本上也能守住可观的战利品，并且击败任何单独作战的西方强国。尽管在18世纪后期，奥斯曼帝国的国力毋庸置疑衰退了，但越来越多的人将17世纪甚至16世纪的奥斯曼帝国也视作"欧洲病夫"，这是错误的。按照这种说法，当年的超级大国就好像只是坐等失败降临。如同下文要讨论的，需要着重指出一点：即使过了他们的巅峰时期，奥斯曼帝国也不会像那些象征欧洲现代性的国家，诸如尼德兰、葡萄牙和西班牙那样轰然倒塌。这些欧洲强国早在"一战"结束后奥斯曼帝国覆亡之前，就已经被征服了。

那么军事革命论独有的观点又如何呢？在罗伯茨和帕克认为是军事变革的全盛期，奥斯曼帝国的军事技术比他们的欧洲对手，包括被认为处于新技术前沿的西班牙和神圣罗马帝国更为先进。如果军事革命发生的时间更早，正如罗杰斯和吉尔马丁所说是在中世纪晚期，[104]奥斯曼帝国击败西方军队的意义更重大，它在科技、战术和后勤上的早期进步更值得注意。正如布莱克所说:"只要有军事革命,无论它是发生在罗伯茨认定的时段(1550—1650年)或者更早,都没有导致基督教世界和伊斯兰国家之间发生军事平衡上或边界进退上决定性的转变,基督教对北非的军事影响不够深入则进一步验证了这一点。"[105]

从某种意义上说,帕克本人就是对他自己的论点进行尖锐反驳的批评者之一:

> 土耳其人在17世纪60年代从威尼斯人手中夺得了克里特岛,在1711年完美地击败了俄国,1737—1739年击败了奥地利……西班牙在1775年、1783年和1784年对阿尔及尔的进攻全都宣告失败;即使是拿破仑,1799年也没有夺下阿卡(Acre)……直到18世纪晚期,主要的伊斯兰国家像亚洲的各个帝国一样,都证明自己有能力让西方人陷入困境。尽管在17世纪,欧洲人成功地对穆斯林军队取得重大胜利,比如在1683年击溃了围攻维也纳的土耳其人,然而必须记住的是,是土耳其人站在维也纳的城门下,而不是欧洲人站在伊斯坦布尔的城门下。[106]

他修正了自己的立场,认为直到工业革命到来,奥斯曼帝国才被西方超越。然而,帕克坚持认为近代早期的军事革命依然十分重要,不是在进攻方面,而是因为它使西方人在16世纪遏制了奥斯曼帝国的征服浪潮。[107]然而,正如前文所述,西方的防御胜利,就像东方的萨非王朝所取得的胜利,可能只是更多地反映了奥斯曼人是在其后勤供给可达的最大范围内，而非西方对手的技术或战术创新的极限内活动。如果真是这样，这将证实布莱克经常表达的观点，即历史学家习惯于忽略潜在因素，而过度夸大技术和战场的重要性。[108]这还提出了一个更普遍的问题，即当代人和学者回顾历史时，怎么思考才能对军事效能做出准确判断？这直接关系到判定军事组织是否做出变革、如何做出变革以提高其效能和竞争力。墨菲观察到，奥斯曼帝国的军事表现就像同时代的其他国家一样，是由五个要素决定的："技术限制、成本限制、自然阻碍和环境限制、动机极限、国家力量和强制力的边界。"[109]我们很难看到在这些限制中还为主动的组织改革留有空间。

总而言之，有很多原因让我们把奥斯曼帝国及其与欧洲国家之间漫长的冲突视作评估军事革命论的关键。首先，正如我们接下来要讨论的，尽管最近出现了一些修正性的佳作，但在军事史上依然存在偏向西方的巨大的不平衡。第二，一般的历史著作，更重要的是社会科学方面的著作，依然基于西方通过军事革命而占据统治地位的传统画卷，以及同样传统的将奥斯曼帝国视作欧洲病夫的图景。最近的著作，比如霍夫曼的作品，就显示了这一模式依然有着强大的影响力。[110]尼古拉·基纳约利（Nicola Gennaioli）[1]和汉斯－约阿希姆·沃斯（Hans-Joachim Voth）[2]在解释西方的崛起时完全套用了军

---

[1] 尼古拉·基纳约利：意大利博科尼大学经济学教授，主要研究心理学和金融学交叉领域的主题。——编者注
[2] 汉斯－约阿希姆·沃斯：德国经济史学家，2014年成为苏黎世大学的经济学教授。——编者注

事革命论，[111]他们将明帝国和奥斯曼帝国总结为"正如我们的理论所预测的那样，它们既不能发展出高度集权的结构，也不能发展出高度统一的税收体系"[112]。其他学者也同样蔑视奥斯曼帝国，但出于完全相反的原因：奥斯曼帝国过于集权，缺乏权力分离和对行政的制衡，而这正是荷兰和英国成功的原因。[113]社会科学家热衷于使用"财政—军事"国家理论，认为君主需要与国内自治力量讨价还价和谈判，这一点对于促进进步具有决定性意义。[114]最后，将奥斯曼帝国置于比较的视角，目的不仅仅是改变对这一历史实例的认知，还有修正关于西方崛起、国家崛起、在战争中以及通过战争带来的军事变革的整体认知。

## 关于近代早期军事革命的结论

在前几章中，我们将近代早期欧洲人在美洲、非洲沿海，以及亚洲的印度洋沿岸的扩张置于舞台的中央，以评估这些远征战役的行动是否以及在多大程度上符合军事革命论的原则。总的来说，它们都不符合，反而与军事革命论正好相反，在1750年之前，欧洲人相较于任何地方的其他文明都没有军事优势，包括在欧洲也是如此。西班牙在美洲取得的成功算是某种例外，更多地得益于疾病和当地盟友，而非军事技术。军事革命论不能解释西方在近代早期的扩张，因为当时的西方国家（政府）根本就没有做出过尝试，更不用说具备相应的能力，将在欧洲参加大型战争的军队运送到其他大陆去。西方扩张的执行者主要是特许公司或者自由的冒险家，而非国家官员或军官。

相反，欧洲人在非洲和亚洲的扩张可以这样解释：欧洲人相互争夺的是其他既有强国不感兴趣的地球表面的一小部分，也就是海洋；此外，他们还讨好非洲和亚洲的当地政权，与其建立良好关系，以确保小型贸易前哨的安全。总的来说，臣服于外国统治者或与其合作，比征服和战争更为有效。这些方法对于文化倾向的依赖毫不逊色于对于技术、战术或者财政—军事制度的依赖。主要的非西方国家选择不去争夺海洋。除了能够跨越大陆这一重要的基本事实之外，西方人的海军优势并没有改变他们与任何一个非西方强国的力量对比。总而言之，在第一个真正意义上的全球国际体系出现后的至少250年中，根本就不存在任何西方军事霸权。

1500—1750年，无论是就掠得的经济资源和人口资源而言，还是就其镇压的军事反抗的激烈程度而言，欧洲人的征服都远没有奥斯曼人、莫卧儿人和满族人的征服引人瞩目和声势浩大。对于关键的军事革新，诸如职业化、常备化、训练有素、装备火药武器的军队，以及为军队提供支持的复杂的、集权的财政和后勤体系，中国人和奥斯曼人比任何西方势力都更有发言权。然而，只关注某一种单一的模式，认为仅用它就可以检验现代性，再将它与效能画上等号，这是很不严谨的。就战争和组织变革而言，异质性和同质性之间的关系是一方面，效能是另一方面，其变化远非范式—传播模型所能涵盖。

将军事革命看作西方在近代早期称霸全球的驱动因素，如果说相应的证据说服力太弱，那为什么这一论点依然大行其道？在接下来的两节中，我将指出，答案很大程度上在于对史料的安排和解读方式出现了时空偏差，即弄错了年代，搞错了地点。结果是，这种偏见不仅扭曲了我们对于世界的理解（尽管它必然被扭曲），还扭曲了我们对于欧洲自身的理解。空间的偏见（欧洲中心主义）意味着欧洲的一系列特定的军事和政治发展被错误地解读成存在严格、必然和普世的因果关系。时间的偏见则导致凭空制造出一个非典型的且相当短暂的西方统治时期，认为这一统治代表事物的自然发展规律，然后再从剩下的史料中挑选出支持这一观点的论据。

有一种时间偏见会导致误导性极大的做法：将19世纪的成果和工业革命时期的创新思潮，倒推至完全不同的前工业化时代。把西方人在19世纪末的胜利视作自然规律的结果，用它来定义欧洲与其他文明之间的关系，据此评估所有的其他经历，而无视更早时期欧洲的弱小、第二次世界大战后欧洲帝国的崩溃以及当代非西方国家的崛起，这显然是说不通的。如果确实存在一个当代的"终点"，那就是欧洲军事力量的萎缩，亚洲强国在地缘政治上的崛起，以及从20世纪50年代开始直到今天，西方在与东南亚和伊斯兰力量的战争中屡战屡败。我们将在最后一章中讲述。

至于空间的偏见，如果我们把欧洲人放在讨论框架之外，并且问一问西方之外的军事和社会变革是否符合军事革命论支持者列出的结局，情况将会发生怎样的变化呢？证据表明，无论是新战术还是火药技术，在其他地区都没有产生变革性的影响。从全世界范围内考虑更具普遍性的证据是有益的，但是像这样拉远视角也会让我们对自己所了解的欧洲产生怀疑。火枪、新式要塞和新战术真的会让军队规模变得更大，或者需要军队扩大规模吗？或者这不过是一种巧合？这些更大规模的军队真的造就了中央集权的主权国家，或者需要建立中央集权的主权国家吗？或者只是因为偶然的、特殊的原因，使得这一切恰好发生在欧洲？

## 空间偏见：欧洲中心主义

有什么可以证明学者中存在欧洲中心主义的倾向？托尼奥·安德拉德估计，关于欧洲的军事历史研究比关于其他地区的研究多出"两到三个数量级"[115]。这不仅仅是一个数量问题，杰里米·布莱克描述了这种偏见是如何影响历史认知和史学写作的：

> 这种倾向首先是在很大程度上（如果不是完全的话）侧重于西方的发展；其次是在考量其他地方的发展时也是依照西方范式，以及非西方政权与西方的互动的角度，后两个因素关联紧密……因此，举例来说，军事革命论讨论的焦点是西方，所下的定义是西方的，对非西方政

权来说，这个论点只是为了记录西方对手的胜利。[116]

像帕克和麦克尼尔这样的作者的确对欧洲之外的发展给予了关注。两人都承认，与西方军事革命期间出现的大量进步类似的发展，早在军事革命发生的几百年前就在中国出现了。帕克特别对日本、印度、斯里兰卡、东非及南非进行了大量的初步研究。[117]尽管如此，他们的研究重点仍然是欧洲。值得注意的是，在一部关于近代早期军事历史的重要著述中，全书12章中共有8章是关于欧洲的。[118]关于军事革命辩论最为重要的论文集里，只有一章不是关于西欧和中欧的。[119]

这一倾向至少在国际关系研究领域里同样明显。杰克·S.莱维（Jack S. Levy）[1]直率地介绍了他对1495年以来的大国的研究："这一研究主要关注的是近代大国体系，它在约5个世纪前诞生于欧洲……这项研究的欧洲中心倾向是刻意为之的。对于大部分西方学者来说，以欧洲为中心的体系是历史学家最感兴趣的历史问题，而且大部分关于国际行为和战争的理论也由此而来。"[120]从下表中顶级国际关系研究期刊上发表的文章所关注的地理区域可以看出，学术界至今依然没有纠正这种倾向。

---

[1] 杰克·S.莱维：美国罗格斯大学理事会政治学教授，也是哥伦比亚大学战争与和平研究所的会员。——编者注

表 3.1 对 1980—2007 年 12 个顶级国际关系研究期刊上发表的关于 376—1919 年期间事件的文章数量进行地理区域划分。信息来自威廉·玛丽学院的教学、科研和国际政策（TRIP）计划

| 地理区域 | 文章数量 |
| --- | --- |
| 欧洲和加拿大 | 205 |
| 东亚 | 66 |
| 美国 | 35 |
| 中东和北非 | 21 |
| 南亚 | 6 |
| 东南亚 | 6 |
| 撒哈拉以南非洲 | 5 |

来源：转引自杰森·沙曼，《军事革命的神话：欧洲扩张与欧洲中心主义》，《欧洲国际关系杂志》，2018，24（3）。

从总体上书写"国际体系"或者"大国"，却只使用来自欧洲的例子和证据，已然成为学术界的一种普遍现象，被认为合乎情理、稀松平常。尽管作者们可能会将法国、尼德兰、哈布斯堡王朝、瑞典、英国及其他欧洲强国进行比较，注意到系统性的竞争和传播是解读的关键所在，但他们依然只关注一个地区的案例。[121]

将军事革命的论点不成比例地建立在一个地区的证据之上，并假定有必要和充分的因果关系，这使得该论点的许多原则在考量更大范围内的争端时必将受到挑战。这种偏见导致的部分结果是解读容易变成一种决定论，而且意味着要产生某个特定的结果只有一条路径。[122]这种观点倾向于认为，独立的、偶发的各种事件不会带来相同的结果，唯有一组明

确的、特定的事件严格按照一定的顺序依次发生，才会导出相同的结果，而且这些事件对于产生某种特定的结果来说是必要的、有效的。放眼看一看其他地区，我们就会发现前述所谓的充分和必要的因果关系几乎都不存在。通过强调偶然性和复杂随机性的重要性，我希望能用新的眼光来看待欧洲历史的某些方面。

人们通常认为历史学家偏爱详尽的叙述，而避免社会科学中司空见惯的简单的因果描述。实际上，最初的军事革命论是围绕必要条件展开的。罗伯茨说："战争规模的转变必然导致国家权威的提升……现在，只有国家可以提供大规模冲突所需要的行政、技术和财政资源。"[123] 最早的技术改变"实际上是真正革命性变革的动因"[124]。军事革命论的各个组成部分被认为是必然彼此相互联系的；因果链上仅有一环是不够的，其他环节也必须同时具备。例如，新式要塞必然需要更大规模的军队来防守，火药需要以步兵为主的军队去使用，先进海军的花费只能由公共财政而非私人负担，等等。[125]

历史学家不仅发现军事革命论不适用于欧洲之外的地方，他们的研究还表明这一论点可能在欧洲内部也不适用。比如，火药武器、新型阵列战术或新式火炮要塞的发展，可能与军队规模扩大或国家的崛起没有任何直接关系。若干西欧政权在其军队规模扩大后，发展出了之后现代主权国家的典型特征，这一情况也可能仅仅是巧合。[126]

在《亚洲军事革命》一书中，洛奇认为"近代早期的战争形式是12—13世纪在中国被发明出来的",[127]因此,近代早期欧洲的军事发展表现得像是西式战争姗姗来迟的中国化。[128]中国最早发展出了大规模的、受职业训练的常备步兵军队,这支军队大规模地使用火药武器和齐射战术,倚赖可防御火炮的要塞,中国人还在大约一千年以前就建立了高度发达的官僚行政体系。无论是新型火炮还是新式要塞,对于改变既有的政治制度都没有太大的影响。在18世纪之前,中国中世纪军队的规模一直比西欧的任何一支军队的都要庞大。再考虑到中国引入职业军队、火药和枪支等军事革新,西方文化显然不是重大军事技术进步的先决条件。[129]当详述中国、日本、南亚和东南亚所走的不同道路时,洛奇特别批评了关于必要条件的观点,尤其是认为火药武器的传播需要单一特定制度支持的观点。[130]

在欧洲,火药武器奠定了步兵对骑兵的优势,在日本也是如此。但在南亚,火药武器与既有的骑射传统相融合,这就与军事革命的标准原则完全不符。[131]弓骑兵比火炮和火枪更具革命性。[132]火炮对于围城战术的改变相对较小,而且在某些方面对防守者的帮助大于对进攻者的帮助。[133]火药武器肯定没有重塑政权。因此,对于在欧洲发生的事情,没有任何自然而然的或不可避免的结果。火药帝国论认为西方之外的强大帝国阻碍了军事技术的进步[134],对这一论点的特定研究也与对莫卧儿帝国和中国实际情况的深入分析完全相悖。[135]

从历史领域转到国际关系领域,通过观察东亚,诸如阿拉斯泰文·伊恩·约翰斯顿（Alastair Iain Johnston）[1]、康灿雄（David Kang）[2]、铃木胜吾（Shogo Suzuki）[3]、霍布森、许田波（Tin-bor Victoria Hui）[4]、埃里克·林格马（Erik Ringmar）[5]等学者都提出这样一个观点：把欧洲历史作为普遍解读的基础可能具有非常大的误导性。[136]我们可以看出，借助明显倾向欧洲中心的数据集写成的国际关系著作，如《战争的关联因素与大国战争（1495—1815）》（*Correlates of War and Great Power Wars: 1495—1815*），书中关于国际体系的结论都受到了深刻的误导。[137]许田波的对比中国历史和欧洲历史的学术研究，提供了一个特别有价值的新思路——区域比较法。她进行研究的特定目的是回答许多历史学家共同关注的基本问题，比如罗伯茨和帕克关注的战争在国家崛起中扮演的角色。

许田波比较了古代中国和近代早期欧洲体系的不同路径。[138]古代中国被认为与1500年前后的欧洲十分相似，其特征都是"封建等级制度瓦解、战争频仍、国际体系处于无序状态、主权领土国家出现、力量均势出现、中央集权官僚体

---

[1] 阿拉斯泰尔·伊恩·约翰斯顿：哈佛大学中国世界事务教授。——编者注
[2] 康灿雄：美国政治科学学者，有韩国血统，以东亚国际事务、经济改革及人权、韩国政治、中国外交政策、中美关系等研究领域见长，并撰写了数本相关专著。——编者注
[3] 铃木胜吾：英国曼彻斯特大学政治系副教授，主要研究中日关系和东亚国际关系理论。——编者注
[4] 许田波：刘氏亚洲研究院政治学副教授兼教职研究员，主要研究战争在历史悠久的中国的形成和转变过程中的中心地位。——编者注
[5] 埃里克·林格马：土耳其伊斯坦布尔伊本·哈尔登大学政治科学和国际关系系教授，最近两年担任上海交通大学国际关系学教授。——编者注

制获得发展、国家—社会交易诞生、国际贸易扩展"[139]。对于许田波来说，战争或许会制造国家，但它有时候制造的是帝国。虽然古代中国和近代欧洲都具备这些相似的初始条件，但二者的结局大不相同。中国在战国时代之后紧接着建立了大一统的帝国，而欧洲却始终保持着破碎和无序的体系。许田波的结论与洛奇等历史学家的一样：所谓普遍和必要的关系，其实是特殊和偶然的关系。

欧洲学者曾用力量均衡机制和规模不经济[1]来解释多元化的欧洲国际体系，但之后又认定这些机制可以普遍适用。然而，回顾中国历史，许田波还发现了另外两种可能产生相反结果的机制：顺应大趋势和规模正效益。在中国，这促成了秦国灭六国而一统天下，建立秦帝国。将欧洲历史与中国历史进行对比，使我们对欧洲的基本趋势有了完全不同的看法。中国战国时期的胜利者通过征募扩充军队，从而击败敌人。解释这一体系发展的是"争霸逻辑"而非"均势逻辑"。在军事革命论看来，近代早期欧洲国家的构建是一个强有力的进程，而许田波则将这一过程描述成实施一系列"自我削弱"的权宜之计。重要的例子有对借贷而非国家自身资源的高度依赖，使用雇佣军而非义务兵。[140]简而言之，就是一种拿钱（常常还是别人的钱）解决问题，而非建立制度的倾向。在这方面，基础的方向性问题就从解释欧洲的成功变成了解

---

[1] 规模不经济：该词来源于西方规模经济理论。该理论认为，当生产规模扩大时，开始为规模经济阶段，继而为规模经济不变阶段，如继续扩大生产规模，超过一定限度之后，便会产生种种不利情况，使同一产品的单位成本比原来生产规模较小时提高，从而形成规模不经济。——编者注

释欧洲统一的失败。

总之，比较不同地区的历史经验，最终驳斥了一切宣称欧洲在近代早期引领军事现代化的例外主义观点。从更宽广的视角来看，特定技术和战术的效果很大程度上受到文化和政治环境的影响。因为这些环境差异极大，所以没有一个主逻辑规定发展必须按照一定的顺序发生。[141]

## 时间偏见：时代错置与目的论

空间的偏见与时间的偏见紧密相关。有些学者有一种明显的倾向，就是通过寻找西方成功和东方失败的先兆，用现在来描述过去。洛奇指出，历史学家倾向于从西方统治和亚洲衰落的时代往回追溯，在之前的几百年中挖掘证据，证明西方必然成功和东方必然失败的先决条件。[142]他提醒道："通过强调欧洲民族国家在1500年之后的崛起，尤其是经济、技术和政治的发展——一条纯粹的黑格尔式的历史发展道路[1]——进入我们所认为的西方统治的世界，那些非西方政权的真实历史就被归入了古代王国[2]的范畴。"[143]布莱克强调，将这几百年间西方取得的胜利当成一种历史趋势是错误的。[144]

---

[1] 指黑格尔提出的线性历史发展观，其终点是以日耳曼文化为代表的现代西方文明。——译者注
[2] 按照黑格尔的历史发展理论，这是人类文明发展的早期和低级阶段。——译者注

约翰·K. 桑顿（John K. Thornton）[1]同样批评了这种倾向，即将19世纪欧洲对非洲的征服追溯至数个世纪前欧非关系完全不同的背景下。[145]

所有的近代早期强国都会在某一时间点从鼎盛走向衰落，但某些案例只谈其兴起，对另一些国家则主要只谈其衰落。荷兰和瑞典在18世纪早期被彻底击败并沦为二流国家，葡萄牙在1580—1640年间被西班牙击败和占领，但有关这些国家的著作中大部分只谈其崛起和成功。奥斯曼帝国、莫卧儿帝国、明帝国和清帝国征服和控制了比所有这些欧洲对手都大得多的领土、人口、财富和军事力量。除莫卧儿帝国之外，其他帝国强盛的时间都颇为长久。似乎以任何客观标准来看，非西方帝国都更为成功。然而，奥斯曼帝国、莫卧儿帝国和明清帝国往往被描述为处于衰落的过程中，而且由于在关键问题上失策和错失机会，最终陷入落后与失败。如果说对于西欧历史，人们倾向于从其之后的成功来往回追溯，寻找胜利的先兆，那么对亚洲国家的历史则恰恰相反：从它们的崩溃往回追溯之前的几百年，寻找其衰落、失败以及在所有上述发展中被击败的根源。[146]

对于故事"结局"的关注是本章的核心内容。如果故事的结局改变了我们看待事情的方式，那么到目前为止，我提出的那些观点是否经得起换位思考？特别是一些人可能会提出反对意见，西方的确赢了，主宰了亚洲强国，将其拉下宝

---

[1] 约翰·K. 桑顿：美国历史学家，波士顿大学历史系教授，专门研究非洲、非洲侨民和大西洋世界的历史。——编者注

座，并且到第一次世界大战时，其控制的地表空间由35%左右扩大到85%。那么是不是在一个世纪之后，军事革命论终究还是正确的？为了回应这类问题，我接下来要评析，从不同的终点来看，故事会有何不同。第一个终点是20世纪初，即西方力量的鼎盛时期。第二个终点是欧洲帝国的崩溃，以及从20世纪50年代到现在针对欧洲和美国军队的反抗活动所取得的胜利。

第四章

结论：欧洲人最终是如何获胜的
　　　（在他们后来失败之前）

决定在何处终结一个没有结局的故事，这可能会对你从中学到什么产生很大的影响。将欧洲扩张的时间局限于西方占统治地位的年代之前，即大约从拿破仑战争结束到第一次世界大战，尤其是这一时间范围的后半段，这样做很可能会让人觉得我处心积虑地想把不利于自己观点的历史记录都忽略掉。因为随着19世纪的到来，欧洲人冲破了之前困扰他们帝国美梦的障碍。英国东印度公司完成了它对南亚的征服，而欧洲人之后也开始殖民东南亚。美洲的殖民者击败了原住民最后的反抗。与此同时，欧洲强国已经令奥斯曼帝国、清帝国及日本幕府瑟瑟发抖。最后，非洲（连同南太平洋）被几个殖民强国瓜分。毫不夸张地说，到20世纪初，地球表面的每一块土地要么臣服于正式的西方统治，要么臣服于非正式的西方霸权。这一前所未有的、几乎全面的全球胜利不正好驳斥了前几章的结论吗？在前几章中，我们批评了认为欧洲人在近代早期的扩张是靠军事优势的观点，强调了非西方政权的力量。简而言之，如果依照我的观点，欧洲人最终获胜的事实该如何解释呢？

在考察近代早期之后的发展时，我提出了关于分期的非常合理的反对意见，而且探讨了从不同的终点回溯，之前的事情会显得有多么不同。本书关于近代早期欧洲扩张的观点，其适用范围一直延续到18世纪末。认为欧洲人取得全面胜利的观点，是从20世纪初这一对欧洲人有利的时间点来总结这个故事的。当然，欧洲人最终没有赢。从21世纪初的角度来看，我们知道，在19世纪欧洲帝国以惊人的速度迅速建立，而在1945年之后的几十年里，欧洲帝国又以更快的速度崩溃了。欧洲帝国建立和去殖民化的宏大进程造就了当代以主权国家为主体的国际体系[1]，但国际关系学者对这些双重转变的关注远远少于它们应得的。[2]

这个简短的总结章节，我不能也不打算对从拿破仑战争结束到现在的两个世纪里，西方与世界其他地区之间的所有军事关系进行旋风式的回顾。我们从19世纪、20世纪和21世纪中挑选了一些发展加以研究，其目的并不是要对新帝国主义或去殖民化的因果关系做持续的历史性或分析性讨论，而是为了看看我关于近代早期欧洲扩张的观点在后来的历史事件中如何站得住脚。

在前几章中，我认为在近代早期，军事技术的优势很少是决定性的，即使在欧洲人掌握这种优势的领域（比如，配备火炮武装的舰船），这种优势也并没有改变战略平衡。当对战双方其中一方配备的是现代步枪和机关枪，而另一方还在使用长矛、长剑和火枪时，这一结论还站得住脚吗？军事技术的优势是否可以解释为何相对弱小的欧洲军队在19世纪让亚洲帝国难堪，并且征服了广阔的领土？如果可以解释，这难道不是否定了前几章中关于武器的差异几乎从来都不是决定性的观点吗？

在工业革命的推动下，欧洲与其他文明之间的关系发生了根本的变化，这也是近期早期之初欧洲扩张的动力如此明显的部分原因。[3]然而，回顾近代历史，我认为在19世纪的帝国征服战争中，欧洲人的后勤与组织，他们动员当地盟友和调动资源的能力，以及利用对手的不团结，对于胜利的重要影响绝不亚于先进武器。这与奥斯曼帝国、清帝国有些相似，只不过后来它们的内部制度逐渐衰败，导致其军事能力全面衰落。更近的历史，即从1945年到今天的历史则表明，当代欧洲人面对其对手时拥有类似的甚至可能更大的技术优势，但这种优势发挥的真正作用出人意料地微小。去殖民化战争以及最近的反抗都让我们看到，西方军队即使在拥有巨大技术优势并且赢得了绝大多数战斗的情况下，通常是如何输掉战争的。

如果从19世纪的视角来看，由近代早期得出的结论不能令人信服；那么从21世纪的视角去看19世纪的经验，也会得出不同的结论。因此，许多学者从1850年到1914年这段时间的历史去理解欧洲的扩张，其结论就非常不具有代表性。

无论是理解过去500年间国际政治的广泛变迁，还是理解不同文明之间战争的制胜要素，这种研究方式都不会起到好的指引作用。

欧洲帝国的建立和崩溃的过程也要求进一步审视文化因素的重要性。我已经指出，欧洲人对海洋和海外领地的偏好，是他们能够与更为强大的亚非政权共存的关键。后者在近代早期坚定地固守陆地，而不是试图开拓海洋与殖民地。如果西方在19世纪的胜利是由工业革命的科学和技术支撑的，那么在相关的现代官僚制国家的崛起中，思想和文化又起到了怎样的作用？

工业革命无疑再次成为解释欧洲人为何能够打造新帝国的关键因素。但首先，可能这个问题有些违背直觉，那就是欧洲人为什么想要建立庞大的帝国？在军事和经济方面，在最好的情况下，建立帝国也只能得到不稳定的回报，在很多时候，后来的帝国扩张主义似乎反映了欧洲帝国对声望和地位的关注。在当时的国际环境中，确保大国地位需要殖民地。然而，在第二次世界大战结束后的几十年中，对殖民地的占有从荣耀变成了强烈的困扰，这在某种程度上也是因为国际社会的道德观念发生了根本性转变。欧洲人面对反殖民军队时，通常保持着工业和行政上的优势，但不知为何这种优势似乎再也不能起到决定性作用，于是欧洲人的帝国就瓦解了。因此，无论是欧洲帝国的崛起还是衰落，其背后的关键因素是思想和文化环境的变化，而不仅仅是，或者不主要是物质要素，或衡量得失的理性谋划。

如果能让大家明白，当历史终点发生改变时，目前讲述的故事会有什么不同的走向，我的目的便已达到。本章的另一个主要目标是对之前的讨论，即关于战争和制度变迁模型的讨论加以总结。我总结了全部原因，说明为何以理性学习和达尔文主义生存压力为前提的功能主义模型不具有说服力。人们以为所有地区都将殊途同归地采用先进的西方战争模式，但出乎意料的是，非西方的对手往往通过采用一种迥然不同的战争方式来提高自己的战争表现。它们能够获得成功，往往是因为采用了差异化的战术和制度，而不是在竞争环境中理性模仿和（或）消除压力。确定优先级别、设定目标、解读成本与收益、建立成败观，形成与之相适应的军事机构形式和功能，我看待组织学习和变革的更具代表性的观点，与这种扎根于文化背景的思考方式非常吻合。这一视角不仅为解释战争和总体的制度变迁提供了一个新的模型，还与19世纪新帝国主义的地缘政治转变，以及之后同等重要的欧洲收缩和崩溃的进程有着特别的关联。

## 最终获胜：新帝国主义的动机与手段

欧洲人与非欧洲人之间军事力量平衡变化最鲜明的例子，可能就是发生在19世纪最后25年的"瓜分非洲"。1876年，欧洲帝国控制着不足10%的非洲土地，[4]到第一次世界大战之前，却已经将非洲大陆95%的土地置于掌控之下。[5]自科尔特斯和皮萨罗之后的 350 年里，欧洲人从未取得如此丰硕的战果。在以科技为基础的西方胜利的故事中，流传最广的一个场景是不断出现的步枪和机关枪对阵非洲的长矛与弓箭。我们的观点一直在总体上淡化西方人的力量，尤其是科技的决定性作用。那么我们能如何解释这些不平衡的胜利呢？我首先要后退一步，问一问为什么会有这些战斗与战争，是什么在驱动着新帝国主义。

正如我们在第一章中讨论过的，从 15 世纪末欧洲人与非洲人之间发生最早的持续互动，直到 19 世纪，欧洲人在非洲政治中扮演的一直是一个边缘角色。欧洲人在大西洋与印度洋沿岸的贸易和奴隶前哨站，通常依赖于当地统治者的善意。在其间的数百年中，军事革新的进程并没有让力量均衡发生任何实质上的变化。然而，在 19 世纪 80 年代初，法国和德国政府夺取了新的土地，而比利时国王则掷下堂吉诃德式的疯狂赌注，来为自己谋取巨大的私人领地，这引发的热度在 1884—1885 年的柏林会议期间达到了顶峰，而在之后的几十年中，欧洲强国接踵而至，对非洲进行瓜分。[6]征服一个大陆，针对这一巨大的变化提出的首要问题，是欧洲人为什么开始"瓜分非洲"，其次才是他们怎样获得成功。第一个问题往往涉及建立大国威望背后的文化推动因素，而在欧洲人"如何"征服的问题中，政治和后勤的重要程度至少不亚于战场技术。

## 新帝国主义的动机

首先回答"为什么"这个问题。一本与这个问题最相关的书这样评论道:

> 历史学家现在已经放弃寻找魔法石[1]了,他们本以为它会揭示出支撑新帝国主义的普遍动机。如果关于这个充满争议的议题还有什么是有共识的,那就是至少人们认识到,参与帝国主义冒险的动机是多重和复杂的,而且在不同国家之间存在着很大的差异。[7]

我们肯定没有足够的篇幅去分析这样一个宏大的历史叙事。[8]

从国际关系研究(有些令人吃惊的是这一学科对殖民进程感兴趣)的角度来看,基本的假设是欧洲国家在海外进行新的征服,为的是提升国家的财富和力量。[9] 在19世纪和20世纪早期,人们常常认为帝国征服是正当的,因为它是一种提高国家安全和财富的战略。这是多么理性的声音,正符合社会科学对于国际政治中的行动驱动因素的基本假设。因此,"帝国提供了一种实现内部均衡的手段。通过将别处的领土吞并或使之成为自己的附属,国家获得了征得有用商品和人力的途径。与此同时,这一战略还阻止了敌人获得同样的资

---

[1] 魔法石:又称哲人石、贤者之石,是西方炼金术传说中可以点石成金,甚至制造长生不老药的传奇宝物。——译者注

源"[10]。按照这种逻辑，即使是原本决定采用防御战略的欧洲国家也可能参与瓜分，以防止其安全状况因为未来可能出现的敌人而恶化，尤其是考虑到当时欧洲内部竞争的加剧。

尽管上面提到了各种不同和复杂的动机，但国际地位和声望方面的考虑在多大程度上推动着新帝国主义是值得注意的。当时，社会化激起了帝国主义的野心，仅仅成为一个主权国家的想法会遭到蔑视。[11] 拥有海外帝国的强国被唆使去保卫自己的帝国；没有殖民地的国家则被怂恿去获取。新加入国际体系中的国家如德国、意大利和日本，试图模仿既有的强国建立跨大洲帝国。[12] 理查德·J.B.詹姆斯博斯沃斯（Richard J. B. Bosworth）[1] 对意属厄立特里亚的分析清晰地再现了选择机制："对于捍卫殖民地，最简单也是最流行的看法是一类社会达尔文主义观点。通过建立厄立特里亚殖民地，意大利加入了国与国之间最极端的大型斗争，在斗争中失败将意味着'国家的死亡'。"[13] 当时主要的报纸指出，意大利必须在非洲建立一个帝国，否则"不再有任何借口去扮演一个大国的角色……不得不满足于成为一个放大版的瑞士"[14]。这是为了应对地位的不安稳，而非军事的不安全，所以"19世纪末意大利外交政策和军事策略家的主要目标……变成了让这个新国家的大国地位得到认可。在19世纪末，确保这样的地位似乎需要拥有一个帝国"[15]。从经济上来说，意大利帝国的故事就是不断地亏损和大肆过度投资。[16] 从军事上来说，消遣变成了灾难，1896年，

---

[1] 理查德·J. B. 博斯沃斯：澳大利亚历史学家、作家，研究墨索里尼和意大利法西斯主义的知名专家。——编者注

意大利在阿杜瓦被埃塞俄比亚击败，标志着其国运坠入谷底。

推动日本在19世纪后期走上帝国主义道路的是一种与意大利类似的逻辑：

> 帝国主义及支持它的强大军事力量也被视作是"文明"国家身份不可或缺的一部分……成为一个强大的帝国主义政权，不仅可以在军事上保护日本，还会让日本成为"文明的"国际社会的正式成员，获得国际认可，并受到国际社会的保护。毕竟，最"文明开化"的国家同时也是军事上最强大，拥有最广大殖民地的国家。唯有坐拥广大殖民地，"文明"国家才能进一步完成"开化""非文明"国家的使命。[17]

作为一个长久屹立的帝国主义强国，法国从19世纪30年代开始发动了数次殖民远征（1830年侵占阿尔及利亚），50年后发动了对撒哈拉以南非洲的远征，似乎其中对荣耀的追求（以及洗刷1871年败给普鲁士的耻辱）的重要性绝不亚于对物质利益的追求。[18]甚至荷兰殖民者在东南亚相对较晚的扩张（始于19世纪90年代），也反映出类似的动机，对荣誉的关注再一次压过了经济要素或者对欧洲竞争对手的关注。[19]按照这种思路，洛奇将欧洲的帝国构建贬斥为"为了荣耀，心甘情愿地将鲜血和财富投入到总体上无利可图的冒险中"[20]。他将中国和其他亚洲政权建设海洋帝国的"失败"，解释为它们不愿意去资助如此不划算的浮夸项目。[21]

殖民帝国是否真的提升了军事或经济实力，这一点还是相当令人怀疑的，尤其是考虑到建立、驻守和管理这些新领地花费甚巨。事实上，为了从这些新的海外机会中获益，又兴起了新一轮建立特许公司的浪潮，但这些公司几乎一直在亏损，往往最终走向破产，或只是依靠纳税人缴纳的税金才生存下来，这表明新殖民地产出的商业利益很少。[22]一份计算显示"大英帝国……至少在1880—1912年间没有盈利。实际上，它需要补贴"[23]。在某些地方，殖民地确实产生了利润，但这些利润一般只属于一小群精英。即使在这样的地方，我们也弄不清楚，通过远途贸易或投资的方式，而不去征服或正式建立附庸国，是否本可以带来同样的甚至更大的利润。[24]虽然帝国主义列强的确在殖民地征募部队，但这些部队的主要职责是驻守和扩展帝国边界，而非提升对母国的保护。[25]可能更为重要的是，即使学者一直在为帝国带来的经济和安全利益（如果有的话）唇枪舌剑，当时的领导人也不大可能有能力做出精确的计算。这再次强化了我的观点：领袖实际上可以合计成本和收益，或者评估不同趋势和决定引发的影响，这样的说法是没有说服力的。

这里的重点不在于欧洲国家刻意采取不明智的外交政策，他们知道这会让自身变得更加贫穷和脆弱。相反，那个时代的精神表明，帝国对于大国来说，是标准的、合理的、制度性的形态，并且表明拥有殖民地是获得大国地位的途径。帝国既被视作证明国家成功和安全的手段，同时也被视作目的。在当时的背景下，帝国成了合法的大国形态。

## 新帝国主义的手段

把 19 世纪新帝国主义的动机问题暂且放在一边，欧洲人的手段又如何呢？通过这些手段，欧洲人创立了新的帝国。它们在多大程度上符合前面章节讨论过的近代早期军事成功的驱动因素呢？在这里，我认为欧洲人总体上从未在面对亚洲、非洲或欧洲自身内部的非西方敌人时，拥有明显的军事技术优势，因为这些敌人已经拥有或将很快达到相当的技术水平。而那些例外——比如说，欧洲人在美洲的部分地区和公海上都拥有更先进的武器——大体上是不重要的。这既是因为其他因素（疾病和人口）影响更大，也是因为这些有限领域的技术优势并没有成功地转化为决定性优势（比如，在面对亚洲帝国、大部分非洲政权时，或者用另一种方式与美洲人如马普切人对峙时），因此，总体的结论是，所谓的欧洲人在战场武器上的技术优势，在许多描述 1800 年之前欧洲扩张的著作中，其重要性被夸大了。

但是 1800 年以后呢？这时，战场技术似乎是决定性因素了。最明显的是武器方面的进步，尤其是 19 世纪 80 年代出现的连发弹匣步枪，以及稍晚出现的机关枪。我在这里的看法是，工业革命确定无疑是一个分水岭，它改变了欧洲政权与非洲、亚洲和其他地区的对手之间的力量对比；但非军事领域的技术、政策及后勤等因素比先进的武器更为重要。再来看看清王朝统治下的中国，它是幸存的东方帝国中最为强大的，却依然向欧洲人臣服，似乎在允许小规模的西方部队称霸这方面，政权自身的政治衰落和制度僵化比军事技术的差异更为致命。

即使是热衷于技术优势论的学者也强调非军事技术同等的重要性。[26] 其中之一是医学的进步，这降低了欧洲人在非洲感染热带疾病后的死亡率。[27] 另一项是蒸汽船的发明，尤其是它通过河网在深入内陆的地方部署和输送部队的能力。[28] 铁路在后来补充和拓展了这种后勤优势，而电报则使母国和殖民地前哨站之间可以形成更为紧密的战略协作。

除技术之外，东南亚、非洲及其他地方的学者强调，应该用后勤、规划、纪律和战略机动性的共同作用来解释欧洲的征服。[29] 近代早期的一个延续是，地方军队依然是至关重要的，在帝国军队中占据大多数。另一方面，非洲政权未能暂时搁置彼此间的敌意，欧洲人对其先离间后统治的策略收效显著，这也是实现欧洲征服的关键要素。[30]

然而，即使在欧洲取得最辉煌胜利的时代，也还是可以看到将导致殖民帝国瓦解的潮流的肇始，以及更大范围内的西方式远征战争式微的命运。在欧洲以外采用非常规战术的人，更可能让欧洲入侵者受到持久的困扰。相较之下，试图模仿西方手段的非西方政权，实际上往往让自己在面对欧洲征服时更加脆弱。[31] 为了镇压非常规的对手，欧洲人越来越多地运用日益扩大的部队，而不是小规模的远征部队，这足以让人预见到他们的海外军力将被耗尽。

因此，19 世纪 40 年代，法国动用了相当于其全部军力三分之一的 10 万余人的部队，去"平定"阿尔及利亚的叛乱。[32]

1838 年，俄国在尝试镇压高加索的车臣反抗时遭遇失败，不得不部署了一支 15.5 万人的军队，这次镇压直到克里米亚战争结束后，俄国立即加派 25 万人的部队才获得成功。[33] 就在第一次世界大战之前，意大利被迫派出 10 万余人去征服利比亚。[34] 尽管英国东印度公司在 19 世纪初已经在南亚打造了一支超过 10 万人的部队，一个世纪以后，英国依然动员和输送了将近 50 万人去镇压南非的布尔人。[35] 在两次世界大战之间，在西班牙经历了一系列耻辱的失败之后，25 万法国和西班牙军队被用于镇压摩洛哥里夫（Rif）地区的起义。

在这些大规模行动之外，欧洲人的成功率开始降低。根据麦克唐纳的研究，在 1914 年之前，只有 18% 的反帝国主义的起义成功了，而到 1918 年之后，这一比例上升到 57%。[36] 欧洲人需要在人数上极大地超过其敌人才能获得帝国主义战争胜利的事实，与人们从科尔特斯到普拉西再到罗克渡口（Rorke's Drift）[1] 获得的固有印象格格不入。这一固有印象就是小规模的西方部队总能打败比他们规模大得多的敌军。

说完了非洲，东方的帝国又如何呢？本书的大部分内容都指出，亚洲帝国长期以来让他们的欧洲对手相形见绌，而且前者比后者更适合被视作近代早期最伟大的征服者。然而，到了 19 世纪末，东方强国变得谦卑而恭顺。19 世纪下半叶，欧洲军队以征服非洲同样的方式，摧枯拉朽地战胜了中国军

---

[1] 罗克渡口：即罗克渡口战役，又称为罗克渡口防御战，是祖鲁战争中的一场战役。守卫渡口的英军只有 150 人，但围攻的祖鲁军队有 3000～4000 人。这是一场著名的殖民者以少胜多的战役。——译者注

队。关于莫卧儿帝国和奥斯曼帝国的衰落,我们已经在第二章和第三章中讨论过了,那么清帝国又如何呢?对于更大范围的关于欧洲扩张动力的讨论,"百年屈辱"又意味着什么呢?

从1840年开始,欧洲人不断突破清帝国的沿海和内河防御,大步挺进中国。[37]1860年第二次鸦片战争的高潮是英法联军占领北京,而皇帝在他的蒙古精锐骑兵被击溃后逃走。英法两国仅用2万人的军队就最终击败了清帝国。[38]清帝国到底发生了什么?在前一个世纪,它不仅将欧洲人阻挡在海上,还通过一场直捣中亚的毁灭性战争根除了游牧民族的威胁。[39]和一个世纪之前的奥斯曼帝国一样,清帝国并不是一个止步不前的亚洲军事力量,欧洲人积极发展陆军和海军的时候,中国人并没有故步自封,正相反,清军在绝对意义上衰落的根本原因是失去了他们的传统优势。[40]还是与奥斯曼帝国一样,清帝国军事衰败的深层次原因是国内的政治和财政出现了问题。[41]一系列大规模起义使得清廷把军事和财政权力下放到各省,绝望中将此作为拯救王朝的手段。

与军事上的失利同样值得注意的还有清廷的反应。按照范式—传播模型以及更为宽泛的功能主义理论,组织的失败会成为改革的重要推动力。尤其是对于强调有计划地改革和组织学习的人来说,这是军事史和社会科学领域的一个共同假定,即清军在两次鸦片战争中败绩无数,这应该会让他们实施更快也更全面的改革。但他们失败了,这种失败显示了为什么通过学习来提升效能具有很大的不确定性。第一次鸦片战争时,在听到清军与英国人第一次交锋便遭遇决定性失败后，清帝国的统治者需要分析哪里出了问题以及为什么会出问题。[42] 有的大臣将失败归咎于体制问题，认为需要进行彻底的改革；有的大臣则认为背叛和糟糕的指挥才是真正的原因，并抵制西方化。[43]

毫无疑问，这些截然不同的结论并不是没有个人目的和宫廷权斗的影子，但在之前章节讨论奥斯曼帝国时提出的观点在这里也是中肯的：知道输了是一回事，知道为什么输或者如何摆脱困境是另一回事。再强调一次，拥有后见之明的巨大优势的学者，依然认为要做出判断是非常困难的，而且有争议。即使清朝统治者能够做出准确的判断，并且确定补救措施，实施起来也会有严重的困难。正如大卫·B. 罗尔斯顿（David B. Ralston）关于引入欧洲军事模式的著作所表明的那样，凡是明确决定要走西方化改革道路的非西方统治者，基本上都会发现实现这样的转变是极其困难的。不仅仅是因为西方模式和本地模式难以兼容，实际上会进一步削弱军事效能，还因为在改革过程中，统治者经常会担心损害赋予他们权力的政治制度的根基。[44]

总的来说，从新帝国主义的全盛时期来看，近代早期欧洲扩张的故事又会有何不同呢？这是一个关于欧洲扩张的军事革命论的正确例子吗，只不过晚了两三百年？与这个观点相悖的是，军事革命论建立在特定的，仅囊括近代早期发展的历史语境之上，这些发展包括技术上和制度上的发展，从火炮的发明到欧洲常备军的诞生，再到封建制度的灭亡。它不能等同于一种模糊的概念，即西方人在历史上的某个时间点依靠军事上的物质技术优势打败了其他民族。回过头来看一看支撑军事革命论的逻辑：国家之间为了自身安全展开的竞争无情且高效地筛选出制度形式，或是通过统治者理性的决策，或是通过征服实现达尔文主义理论中的优胜劣汰，激励竞争各方殊途同归地找到最适用的、最有效的军事解决方案。这并不能很好地解释欧洲殖民帝国的崛起。

## 最终失败：1945 年以来的去殖民化和起义

如果不解释欧洲的收缩，又如何能解释欧洲的扩张？在美洲和大洋洲的殖民国家之外，欧洲统治的衰落甚至比它的建立还要来得突然。通过各种手段，欧洲诸帝国的领土面积在两次世界大战之间达到了顶峰。然而，在 1945—1975 年，政治收缩和军事失利一起，使这些帝国被一个具有前所未有的同质性、以主权国家为核心的国际体系所取代。我们的目的不是要重新讲述或只是总结欧洲帝国崩溃的极其复杂的故事，而是要看看改变终点是否会改变我们对早先结论的看法。首先，帝国存在的合理性变弱了，这一点非常重要，而且进一步支持了前面所下的结论：文化和思想因素十分重要。在塑造和再造现代国际关系体系方面，文化和思想因素不同于对权力和财富的追逐和渴求。[45] 其次，"落后的"非西方军队反复打败"先进的"西方敌人，这一事实支持了我之前提出的观点：如果不考虑更广泛的文化和思想因素，武器和军事技术的重要性值得怀疑。

在思考欧洲收缩的原因时，去殖民化似乎至少是欧洲严格意义上的军事失败或经济衰退的结果，同时也是去合法性的产物。[46]英国没有作战就放弃了它的大部分殖民地。荷兰、葡萄牙，尤其是法国，用武力去坚守帝国的一部分，但决定军事斗争结果的依然是殖民地、母国，以及更大范围的国际社会中的政治舆论。国际规范不断发生变化，对成本与收益的计算也因此不断做出调整：无论在国内还是国外，帝国领土都被认为不值得再用武力去捍卫。要记住，无论是近代早期以海洋为主导的欧洲扩张，还是19世纪的新帝国主义，在当地获得盟友和支援的能力都是实现扩张最为关键的条件之一，当这种支援被耗尽时，帝国也就越来越难以维系了。这些反抗欧洲人的斗争在19世纪时基本上是孤立作战，但在1951—1975年，反抗得到了共产主义力量的援助，并得到其他刚获得解放的国家的保护，这意味着抗击帝国主义军队的前景一片大好。随后，在经历了从越南到阿富汗的血腥失利，以及1983年的黎巴嫩、1993年的索马里一样规模较小的对美国的反抗后，许多观察家辩称，民主国家的大众难以接受人员伤亡，因而当代民主政体本质上就不适应长期的、胶着的战争，这种价值观大大抵消了西方军队相对世界其他地区的非正规军在军事技术上具备的绝对优势。[47]

去殖民化的战争及随后西方镇压起义的战争，都彻底打破了一个简单的假设：胜利属于拥有最先进的技术、最庞大的经济规模和最发达的国家体制的一方。[48]对于在亚洲、非洲和中东镇压起义与反抗的西方军队来说，在战斗中取胜，却输掉了战争，成了司空见惯的结局。[49]这让人对战场要素的重要性产生了怀疑。对于19世纪的帝国主义征服战争，我们的基础"经验"通常是，西方军事技术和现代工业国家，在面对较为落后的非西方敌人时，可以确保拥有取得胜利的优势。然而，1945年至今的发展与这条"经验"直接相悖。更好的武器、完全的制空权、更高效的通信、更先进的医药技术、更灵活的战略机动性、更完善的后勤、更多的训练、更充足的资金，还有一系列其他相关因素，却始终未能使西方国家战胜非西方对手。在伊拉克和阿富汗镇压起义失败，意味着相比五十年前，美国和西方军队更难解决这类问题了。[50]现在西方政府和军方的想法似乎是，他们必须避免涉及守卫土地和控制人口的海外远征，因为即使面对的是客观上弱小得多的敌人，西方军队通常也会输掉战争。

有人宣称，这类起义不是"真正的"主要大国间的战争。这种看法完全不能解释以下事实：欧洲人当初正是用这类远征战争建立了他们的帝国，并创造了国际体系。类似的说法还有，美国先是在去殖民化战争中失败，后来又输给共产主义和伊斯兰敌人，不仅折射出军事因素，还更多地折射出了政治和社会因素，所以这些失利无关乎对战争的研究。这是一种狡辩。考虑到军事革命论和随之而来的历史评述竭力强调军事成功取决于政治和社会因素，而分析不同因素之间如何相互影响又非常必要，这种辩护显得尤为牵强。军事革命论也是一种制度性描述，描述不同军队的战斗方式如何最终变得雷同，以及它们最终以何种形式组织。根据传统的观点，当现代的、先进的军队加上现代的、先进的国家与较为落后的制度形式发生冲突时，后者要么改变自我以适应新模式，要么出局，这首先发生在欧洲，而后推及全世界。在竞争中取胜也是类似的情况。但反观1945年之后发生的事件，根据不对称战争的理念，是差异化而非模仿，为对抗西方军队的人们带来了胜利。

## 范式—传播模型和新的模型

对军事革命论的批评，以及我的一些论点，很大程度上直接引自历史学家的著作，以更好地为社会科学研究提供信息。这些论点涉及的内容包括：私人行为者的重要性、战术调整、对非西方强国的顺从以及欧洲人的海洋导向促成的权宜妥协。但是，如果大部分情况下都是社会科学从历史学中获益，那么社会科学能不能有一些回报呢？如果历史学家已经注意到，他们很少接触国际关系学科和其他社会科学，[51]他们充其量也只是想一想（正如我们在导论中所讨论的）这到底是不是一种损失。然而，我在下文将指出，实际上历史学家还是可以从社会科学中学到一些东西的。也许具有讽刺意味的是，历史学家的论点的基本框架有时候会不知不觉地过于社会科学化。正如社会科学家关于欧洲扩张的隐性历史预设对他们的学术有着至关重要的影响一样，历史学家也常常深受隐性的社会科学模型的影响，比如关于理性学习和高效组织学习的模型。两个群体都需要更为仔细地审视这些模型中的预设。

因此，最后要做的是对历史学家（通常是心照不宣）和社会科学家（稍微坦诚一些）通常共有的关于组织学习、适应环境和与环境互动的假设进行分析。这些假设都以同一个基础思想为前提，即通过学习和环境压力，竞争激励参与者逐渐建立起高效的组织形式。本书曾探讨战争中的军事组织和国家这样的特殊例子，但是同样的逻辑在范围更广的许多其他领域也适用。

正如我们在导论中探讨过的，在历史学上被称作范式—传播的模型，经常被等同于社会科学中的功能主义理论。但无论使用什么标签，这个观点似乎不过是一个常识。军事革命论从根本上依赖于这个逻辑：

> 火药武器使力量对比发生了翻转。因为更大的、更富裕的、组织更完善的政治结构才能更好地负担火药战争的费用。因此，弱小的、贫穷的、组织不善的组织架构都会灭亡。一个反馈循环紧接着发生了：国家能够控制的越多，它能够获得的收入越多，它就能买越多的火枪，就可以建造越多的要塞。因而，火药战争挑选出了高效的、集权的国家。这是一个普遍的、众所周知的认识。[52]

在这里起作用的机制，也就是学习和淘汰，有一种进化论的意味，第一个比较偏向拉马克主义，[53]第二个则更偏向经典的达尔文主义。[54]麦克尼尔以最概括的语言来解释学习习性："任何能取得令人钦佩的结果的人类技能，通常都会从其发源地传播出去。其他人发现了新技能，并且觉得比他们之前的技能更好，就会学习并掌握新技能。"[55]通过军事竞争学习的观点则以这样的预设为基础："战争结束后……孰胜孰败一清二楚。"[56]战争中"适者生存"的淘汰机制，既为学习提供了动机，又通过筛选出不能适应的组织，成为提升效能的另一条单独路径。[57]

在试图解释政治制度和国际体系的变化方面，军事革命论的影响远远超出了战场。军事革命论里所包含的机制也被用来塑造国家和军队。因此，最近的一项社会科学研究认为："因为资助战争的能力是生存的关键，武装冲突迫使君主们建立高效的财政结构。"[58]更为概括的说法是："如同不能适应的企业，不能适应的国家和联盟——其组织始终没有推出最佳政策——必须改革，否则必定走向灭亡。"[59]历史学家也常常持同一观点："领先和高效的财政—军事国家力量得到加强，领土扩大而效率较低的国家则会丧失影响力或完全消失。"[60]这种压力也适用于说明战争的特殊力量："因为战争对国家的安全造成了巨大的威胁，国家自然就会有动力尽可能快地采用成功军队的结构、标准和实践方式，而不顾政治、社会和文化上的兼容性问题。"[61]在生死竞技场上，这种对军事效能的迫切需求，被认为胜过思想和文化的力量：战争"不允许文化上有吸引力而军事上低效的思想和实践大行其道"[62]。

这种可以等同于效率决定生存的功能主义逻辑有什么错误呢？能够取代它的观点又是什么呢？在导论中我们讨论过的刀枪不入法的例子，就是与范式—传播模型以及更宽泛的功能主义理论完全相悖的例子。但这仅仅是一个例子而已。替代观点的要素已经通过整本书确立了，在这里我要进一步巩固它们。

第一点是，通过学习和改革来提升组织的表现，这一看似简单的想法，实际上是建立在几乎不可能满足、非常苛刻的预设之上的。之前的讨论已经指出，精准地辨别出军事上高效和低效的原因，是极为困难的。[63]甚至在事情发生很久之后，学者和分析人士依然常常不能就胜利和失败为什么发生达成一致。在社会性的世界中，不仅辨别出什么引起了什么很困难，做出这样的评判也因为存在各种迷惑性因素而变得极为困难。从古至今，对于因果关系，人们自以为了解的常常远多于他们真正了解的。一个例子可能是信仰，这不仅在本书中提到的历史人物中很常见，还出现在刀枪不入法这样的当代案例中：战场上的结果是由上帝或者超自然力量的干预决定的。进一步加剧这些困难的还有以下事实：军事活动需要根据敌人的变化（敌人当然要阻止别人学习他）以及环境因素的变化而做出相应的改变。即使可以积累准确的知识，这些知识也会很快变得过时。[64]

替代性视角在这里偏爱的并不是高效、功能性的学习与适应，而是当事人在很大程度上受文化因素影响得到的，从组织表现中吸取的教训。刀枪不入法是一个滑稽的例子，但它并不罕见。在谈到 16 世纪 90 年代血腥的中日冲突时，洛奇指出，对每一方，"战争的结果都强化了他们对战争的既有认知。人们学习到的是他们倾向于学习的经验，而且即使是这些经验，也强烈地受到他们政治倾向的影响"[65]。再看看社会科学家对于当代做出的同样结论的研究，我们没有理由认为近代西方军事机构在某种程度上可以免受同样倾向的影响。[66]

西奥·法雷尔（Theo Farrell）[1] 提出了"自杀军队"的概念，他描述了 20 世纪 20 年代爱尔兰人的防御战略是如何转变的，他们本来的战略是以阻挡英国入侵的游击战为基础，这一战略相当成功和实用，但后来转变为费用极高，而且在军事上不可行的做法：创建一个传统的"微型英国军队"。[67] 由于在一种偏爱传统军事结构的文化中工作，爱尔兰的将军们"学习"了让他们的军队变得更为低效的经验。从此以后，爱尔兰士兵需要每天花三个小时训练如何敬礼，却没有接受任何游击战术的训练。[68] 似乎不容辩驳的是，至少在某些案例中，当代军人对于"镀金的"光彩夺目的物件（比如先进的航空母舰和巨大的战舰）的喜爱，更多的是出于象征意义。这种偏爱让他们忘记了可以真正提高军队表现的当务之急（比如更多的训练和对现有设备的更好维护）。[69]

但是，假设统治者和将军们可以用某种方式摆脱构造

---

[1] 西奥·法雷尔：澳大利亚伍伦贡大学副校长，法律、人文与艺术学院执行院长，政治学教授。主要研究武装冲突特征的变革，曾经获得十项研究委员会奖，其中包括享有盛誉的全球不确定性研究奖学金。——编者注

和创造他们认知和心理范畴的文化范畴的影响，并且学会去解开面前这道由因果关系构成的复杂谜题，之后又会如何？我们再次回到前面已经多次提及的要点：判断出问题离解决问题还差得很远。最近历史学方面的一大堆关于"战争与社会"的著作，还有社会科学领域关于军事效能的著作，都强调军事表现在很大程度上是隐蔽的制度、社会因素和文化因素共同作用的结果，这些因素通常都很难受到影响，无法刻意去改变。[70]

那么达尔文式的淘汰过程保障了效率和效能，这个观点又如何呢？[71]要让这一观点具有说服力，需要一种牵强和不切实际的预设来配合：学习是提升效能的途径，也是通过刻意的政策干预推行改革的途径。正如切斯对于战争行为中"愚蠢"想法的描述："这样的想法不会长久存在，因为相信它的人活不长。"[72]如果适应不了，低效的军队和政权就会被军事竞争无情地连根拔起，落得和竞争市场中失败的企业同样的下场。

然而，实际上，对于淘汰保障效率这个模式的期待必将落空。首先，就像自寻死路的爱尔兰军队一样，大部分军队在绝大多数时间里并不会在战场上经受考验，甚至那些经受战场考验的也很少经受淘汰的考验。因为淘汰机制会持续地推动所有竞争者趋向一种高效的模式，所以组织"死亡"的比例肯定要远超任何历史时期。[73]系统地研究国际体系中被征服而灭亡的政权的比例，结果表明，这样的情况不但很少出现，而且与规模、军事能力或是否有盟友这些要素也没有什么关联。[74]正如一名学者所说："低效机构能够存在，这在经济史和国际史中依然是一个十分重要的未解之谜。"[75]谈到与军事革命论紧密联系的理论，另一位历史学家赞同："根据经典的实在论[1]观点，内部制度会迅速地、主动地向着单一的'最具适应性的'形式演进，但对此目前的研究中没有什么证据可作为支持。"[76]同样，我们需要重视多种观点，而不是只局限于西方通过战争实现征服这种主流观点。

强调历史与政治进程充满复杂性与多样性，因此难以理解；强调我们的无知和轻信会干扰我们的判断，这样来结束一本书可能会让人灰心或者沮丧。如果我们很可能一无所知的话，那为什么要写这本书呢？我希望这本书不是显示我们的努力皆是徒劳，而是可以帮助我们在考虑我们的假设和预想时多一些反思，在提出问题和选择证据时眼界再开阔一些，并且更乐意立足历史本身去理解它。

除了更好地理解过去本身带给我们的好处之外，从西方霸权的传统故事中抽离，也可以让我们对当前的局势有新的认识。[77]从更世界主义、欧洲中心倾向更少的、对欧洲以外地区给予同等重视的视角来看，西方在国际体系中占据主导地位是相对短暂的，因而如果这种主导地位现在受到西方以外的大国崛起的挑战，也就没有那么令人惊讶了。多极的全球国际秩序将成为历史常态而非例外。尽管做出预测是很困难的，对于未来，对于社会科学家来说尤其如此，但如果某

---

[1] 实在论：希腊哲学家柏拉图所提出的观点，即只有"理式"或者理念才具有充分的存在和实在，个别的东西是没有充分的实在和存在的。——编者注

一天中国和印度成为21世纪最强大的国家,这在很多方面都将是1700年左右的历史的重演。我们对历史提出的问题以及未能提出的问题,不仅会改变我们对自己从哪里来的看法,还会改变我们对自己现在身在何处,以及将去往何方的看法。

# 注释

## 导　论　军事革命和第一个国际体系

1. Andrade 2016: 119; see also Roy and Lorge 2015: 1.
2. Diamond 1997.
3. Marshall 2005: 4; see also Bull and Watson 1984; Dunne and Reus-Smit 2017.
4. Black 1998; Agoston 2005; Andrade 2016: 2–3; Rodger 2011: 119.
5. Roberts 1955 [1995]: 18.
6. Thompson and Rasler 1999.
7. Tilly 1985: 78.
8. McNeil 1982: 117, 143; Rogers 1995a: 7; Glete 2002: 7; Gat 2006: 447; Andrade 2016: 115–116; de la Garza 2016: 7–9.
9. Peers 2011: 83.
10. Brewer 1989.
11. Parker 1996: 4.
12. Glete 2000; Rose 2001; Guilmartin 1974, 2002, 2011; Rommelse 2011.
13. Parker 1996: 163.
14. For the derivation of this figure, see Hoffman 2015: 3 footnote 5.
15. Among many others, see the discussion Black 1991; Rogers 1995a; Glete 2002; Gat 2006; Parrott 2012.
16. E.g., Bryant 2006; Gat 2006; Hoffman 2015; Karaman and Pamuk 2010; Gennaioli and Voth 2015; for critiques that make this point about the continuing dominance of the military revolution, see MacDonald 2014; Roy and Lorge 2015; Lee 2015; Andrade 2016.
17. Kennedy 1988; North and Thomas 1973; North 1990.
18. Mann 1986; Hanson 1989; 2002; Keegan 1993; Diamond 1997; Jones 2003; Ferguson 2011.
19. Chase 2003; Hoffman 2015.
20. For example, Buzan and Little 2000: 246–250.
21. Thompson 1999.
22. MacDonald 2014: 18.
23. North 1990b: 24.
24. Anievas and Nişancioglu 2017: 48.
25. I thank one of the anonymous reviewers for pointing this out.
26. Frank 1998; Keene 2002; Hobson 2004, 2012.
27. Andrade 2011: 7.
28. For critiques, see Lemke 2003; Hobson 2004, 2012; Kang 2003, 2014; Hui 2005; Johnston 2012; Suzuki 2009; Zarakol 2010; Barkawi 2005, 2017; Dunne and Reus-Smit 2017; Go and Lawson 2017.

29. Black 2004b; Subrahmanyam 2006; Thornton 1999; Suzuki et al. 2014.
30. Lorge 2008: 7; see also Black 2004b: 153.
31. Frank 1998.
32. Pomeranz 2001; Bayly 2004; Glete 2002; Gat 2006; Darwin 2007; Headrick 2010; Buzan and Lawson 2013, 2015; Hoffman 2015.
33. Pomeranz 2001; Marks 2002; Rosenthal and Wong 2011.
34. Gray 2007: 85.
35. Elman and Elman 1999, 2008.
36. Thompson 1999; Spruyt 2005; MacDonald 2014.
37. Black 2004: x; for exceptions, see Thompson 1999; Hobson 2004; Barkawi 2005; MacDonald 2014; Anievas and Nişancioglu 2015.
38. March and Olsen 1989, 1998; Powell and DiMaggio 1991b.
39. Black 2004b: 3.
40. Lee 2015: 2.
41. Elster 1989:: viii.
42. Elster 2000: 693.
43. Von Clausewitz. 2008: 193.
44. Hoffman 2015: 45 and 39.
45. Rosen 1994.
46. Brooks 2007: 1; see also Rosen 1996.
47. Andrade 2016: 271.
48. March and Olsen 1998: 954; see also Pierson 2003: 190–191.
49. Lee 2015: 2; see also Gat 2006: 448.
50. Posen 1993: 20.
51. Waltz 1979: 76.
52. Resende-Santos 2007: 6.
53. Elster 2007: 274.
54. Alchian 1950; Friedman 1953; Nelson and Winter 1982.
55. Elster 1995: 404.
56. Elster 2000: 693.
57. Fazal 2007.
58. Sharman 2015, 2017.
59. Apart from those already cited, see also Keegan 1976; Hanson 1989.
60. Drori et al. 2006: 27–28; see also Meyer 2010.
61. Black 2004: 169.
62. Black 2004b: 233.
63. Lynn 2008: xx.
64. Black 2004b: 124; Lynn 2008: xxviii.
65. Lee 2015: 6.
66. Though Powell and DiMaggio 1991a coined the term.
67. See also Hassner 2016.
68. Meyer and Rowan 1977.
69. Meyer and Rowan 1977: 354.
70. Powell and DiMaggio 1991b: 3.
71. Parrott 2012: 259.

72. Parrott 2012: 306.
73. Parrott 2012: 309-310, see also Thomson 1994; Lynn 2008: 139.
74. Lynn 2008: 115.
75. Eyre and Suchman 1996; Farrell 2005.
76. Hassner 2016.
77. Charney 2004: 14-15; Kemper 2014: 26.
78. Reid 1982: 2.
79. Behrend 1999: 57-58.
80. Knight 1994.
81. Weigert 1996.
82. Vandervort 1998; Clayton 1999.
83. Wlodarczyk 2009.
84. Vandervort 1998.
85. Turner 1971.
86. Behrend 1999; Wlodarczyk 2009.
87. Weigert 1996.
88. Clayton 1999.
89. Wlodarczyk 2009.
90. Weigert 1996.
91. Behrend 1999; Weigert 1996.
92. Lan 1985.
93. Ellis 1999.
94. Gberie 2005; Wlodarczyk 2009.
95. Weigert 1996: 2.
96. Wlodarczyk 2009: 6, 35, 40; Ellis 1999: 261.
97. Ellis 1999: 264.
98. Wlodarczyk 2009: 14; see also Behrend 1999: 60.
99. George and Bennett 2004: 122.
100. Behrend 1999: 8.
101. Thornton 1999.
102. Wlodarczyk 2009: 1.
103. Behrend 1999: 61; Weigert 1996: 59, 90, 102.
104. Vandervort 1998: 139.
105. Weigert 1996: 94.
106. Gberie 2005: 83.
107. Powell and DiMaggio 1991b: 13.
108. Meyer and Rowan 1977.
109. Meyer 2010.
110. Busse et al. 2010; Jenkinson et al. 2016; Chang et al. 2016; Pace et al. 2016.

## 第一章　伊比利亚的征服者与恳求者

1. Marshall 2005: 4.
2. Vandervort 1998: 1; Darwin 2007: 52.
3. Cook 1998.

4. Tucker 2012.
5. Lee 2015: 259-260; Gat 2006: 483.
6. Parker 1996: 23.
7. Roberts [1955] 1995: 14.
8. Parker 1996: 18.
9. Fuller 1954: 64.
10. Parker 1996: 24.
11. Parker 1996: 24, 45.
12. Tilly 1992; Glete 2002; Gat 2006; Lynn 2008; Parrott 2012; Hoffman 2015.
13. Thompson and Rasler 1999: 13.
14. van Creveld 1977; Hale 1986; Anderson 1988; Lynn 1994.
15. Clulow 2014: 4.
16. Cipolla 1965: 85.
17. Kamen 2002: 13; see also Tyce 2015.
18. Kamen 2002: 95-96.
19. Hassig 2006; Kamen 2002; Restall 2003.
20. Restall 2003: 33-34.
21. Hoffman 2015: 9-12.
22. Headrick 2010; Hoffman 2015.
23. Roland 2016: 5-6.
24. Hoffman 2015: 8.
25. Guilmartin 1995: 312.
26. Lee 2011b: 4.
27. Thompson 1999: 163; Chase 2003: 80; Steele 1994: 8.
28. Headrick 2010: 97 and 114; see also Guilmartin 1995: 311.
29. Restall 2003: 143.
30. Lee 2011b: 4.
31. Guilmartin 1995: 311-312.
32. Restall 2003: 32.
33. Hassig 2006: 53; Lee 2015: 256.
34. Matthew and Oudijk 2007; Asselbergs 2008.
35. Lee 2011b: 11.
36. Hassig 2006: 5.
37. Lockhart 1999: 99.
38. Hoffman 2015: 12; see also Hassig 2006: 87; Glete 2000: 88.
39. Black 1998: 33-34; Headrick 2010: 95, 117.
40. Gat 2006: 483.
41. Disney 2009.
42. de Armond 1954: 126.
43. Headrick 2010: 115-120; Lee 2011b: 7.
44. de Armond 1954: 126; Padden 1957: 111.
45. de Armond 1954: 126.
46. de Armond 1954: 130.
47. Padden 1957: 111.

48. Quoted in Padden 1957: 121.
49. Restall 2003: 70–72; Steele 1994: 6–37.
50. Secoy 1953; Spicer 1967; Schilz and Worcester 1987.
51. Lee 2011a: 52; Charney 2004: 18–20.
52. Malone 1991.
53. Steele 1994.
54. Lee 2011a: 69; Chase 2003: 81.
55. Watt 2002.
56. Steele 1994.
57. Carlos and Lewis 2010.
58. Black 1998; Headrick 2010.
59. Hassig 2006: 3.
60. Thornton 1999, 2011; Quirk and Richardson 2014; Pearson 1998; Cook 1994; Hess 1978.
61. Quirk and Richardson 2014.
62. Thornton 2011: 167.
63. Parker 1996: 136.
64. Thornton 2007: 148; see also Vandervort 1998: 26; Lee 2015: 259.
65. Disney 2009: 28–30.
66. Disney 2009: 138.
67. Thornton 2011: 186.
68. Thornton 1999: 103–104.
69. Pearson 1998; Prestholdt 2001.
70. Thornton 2007: 145
71. Pearson 1998: 131.
72. Casale 2010.
73. Disney 2009: 302; Casale 2010: 69; Headrick 2010: 144.
74. Casale 2010: 59–60; Black 1998: 35.
75. Thornton 2007: 153; Disney 2009: 166.
76. Pearson 1998: 144.
77. Isaacman 1972.
78. Subrahmanyam 2012: 205.
79. Thornton 2011: 187.
80. Vandervort 1998: 26; see also Cipolla 1965: 141.
81. Parker 1996: 136.
82. Scammel 1989: 35–38; Thornton 2007: 148.
83. Bethencourt and Curto 2007; Disney 2009; Subrahmanyam 2012.
84. Guilmartin 1995: 313.
85. Thornton 1999: 23 and 29.
86. Disney 2009: 32.
87. Disney 2009: 302.
88. Prestholdt 2001: 398.
89. Headrick 2010: 143.
90. Thornton 1999.

91. Casale 2010: 72–74.
92. Andrade 2011: 7; see also Clulow 2014: 4.
93. Subrahmanyam and Thomas 1990: 301.
94. Disney 2009: 130.
95. Tracy 1990: 5–6.
96. Subrahmanyam 1995: 756.
97. Disney 2009: 132.
98. Glete 2000: 80; Matthews 2015: 174–176.
99. Glete 2000: 79; Matthews 2015: 177.
100. Cipolla 1965.
101. Guilmartin 1995: 315.
102. Casale 2010: 69.
103. Marshall 1980: 18; Glete 2000: 81; Headrick 2010: 64 and 71.
104. E.g., Hoffman 2015.
105. Casale 2010: 70.
106. Boxer 1969; Marshall 1980: 19; Chaudhuri 1985: 66; Disney 2009: 151; Subrahmanyam 1995: 786.
107. Winius 1971: 92.
108. Pearson 1990: 77.
109. Subrahmanyam 2012: 201–202; see also Marshall 1980: 22; Black 2004a: 216.
110. Andrade 2015; 2016.
111. Andrade 2016: 127–128.
112. Andrade 2016: 129–130.
113. Andrade 2016: 130.
114. Cipolla 1965; Clulow 2009.
115. Glete 2000: 77, 87; Richards 1993: 4, 68, 75; Alam and Subrahmanyam 1998: 13–16; Tagliacozzo 2002: 85; Washbrook 2004: 512.
116. Clulow 2014: 139.
117. Biedermann 2009: 276.
118. Headrick 2010: 76.
119. Chaudhuri 1985: 78; Gommans 2002: 77; Darwin 2007: 54.
120. Quoted in Cipolla 1965: 138.
121. Clulow 2014: 2.
122. Swope 2009: 67.
123. Chaudhuri 1985: 78–79.
124. Phillips and Sharman 2015.
125. Biedermann 2009; there were other abortive efforts in Burma and Cambodia, Subrahmanyam and Thomas 1990: 305; Subrahmanyam 2007: 1372.
126. Subrahmanyam 2012: 178.
127. Winius 1971: 76.
128. Winius 1971: 22.
129. Wickremesekera 2015.
130. Winius 1971: 33.

131. Wellen 2015: 460; Wickremesekera 2015: 289.
132. Guilmartin 1995: 316; Black 1998: 33.
133. Parker 1996: 131.
134. Parker 1996: 130.
135. Parker 1996: 131.
136. Parker 1996:14.
137. Parker 2002: 203.
138. Disney 2009: 302–305, 319–320; Subrahmanyam 2012: 202–206.
139. Subrahmanyam 1990.

## 第二章　主权公司和东方帝国

1. Tilly 1985, 1992.
2. Tilly 1975, 1985, 1992; Downing 1992; Ertman 1997; Glete 2002.
3. Steensgaard 1973; Phillips and Sharman 2015.
4. E.g., North 1990a.
5. Erikson and Assenova 2015; Erikson 2014; Ward 2008; Weststeijn 2014; Stern 2009, 2011.
6. Stern 2006; Cavanagh 2011.
7. Galbraith 1970; Slinn 1971; Vail 1976; Neil-Tomlinson 1977.
8. Klein 1981.
9. Steensgaard 1973; Blussé and Gaastra 1981; Stern 2009; Erikson and Assenova 2015.
10. Ward 2008: 15.
11. Weststeijn 2014: 28.
12. Stern 2011: viii.
13. Wilson 2015: 258.
14. Boxer 1965: 24.
15. Clulow 2014: 14; Adams 1996: 19.
16. Steensgaard 1973: 131; Pearson 1990: 85; Adams 2005.
17. Gaastra 1981; 2003.
18. Boxer 1969: 23–24.
19. See the Charter of the Dutch East India Company. http://rupertgerritsen.tripod.com/pdf/published/VOC_Charter_1602.pdf.
20. Tracy 1990: 2; see also North 1990b: 24.
21. Quoted in Adams 1996: 17.
22. Boxer 1969: 69; Mostert 2007: 19.
23. Tracy 1990: 7; Ward 2008: 31.
24. Weststeijn 2014: 15.
25. Chaudhuri 1985, 1990; Pearson 2003; Bose 2009.
26. Chaudhuri 1985: 84–85.
27. Biedermann 2009: 272–274.
28. Boxer 1969: 104; Kian 2008: 293; Locher-Scholten 1994: 94.
29. Milton 1999.

30. Boxer 1969: 94; Ward 2008: 15–18; Tagliacozzo 2002: 77; Weststeijn 2014: 15.
31. Ward 2008: 31.
32. Kian 2008: 297–301.
33. Koshy 1989: 4; Odegard 2014: 9.
34. Tagliacozzo 2002: 79, however elsewhere he is much more equivocal, e.g., 2002: 81, 87.
35. Lieberman 2003.
36. Mostert 2007: 6.
37. Kemper 2014: 30.
38. Lorge 2008: 20.
39. Laichen 2003: 495.
40. Laichen 2003: 501–506.
41. Eaton and Wagoner 2014: 10–15.
42. Ricklefs 1993: 13.
43. Chase 2003; Casale 2010.
44. E.g., Cipolla 1965; Parker 1996; Hoffman 2015.
45. Marshall 1980: 20.
46. Ricklefs 1993; Charney 2004.
47. Reid 1982; Lorge 2008; Andrade 2016.
48. Ricklefs 1993: 5; Kemper 2014: 14.
49. Nagtegaal 1996; Moertono 2009.
50. Ricklefs 1993: 37–38.
51. Charney 2004: 56.
52. Reid 1982; Kemper 2014.
53. Mostert 2007: 22.
54. Parker 2002.
55. Mostert 2007: 28–29.
56. Charney 2004: 278–279.
57. Lorge 2008: 110.
58. Lorge 2008: 98, 110; see also Boxer 1969: 100; Pearson 1998: 139.
59. Locher-Scholten 1994.
60. Charney 2004: 243.
61. Charney 2004: 263–264.
62. Black 1998: 64.
63. Andrade 2011: 36–37.
64. Andrade 2011: 47.
65. Andrade 2011: 13–15; 2016: 5.
66. Clulow 2014: 16.
67. Clulow 2009: 85.
68. Quoted in Clulow 2014: 135.
69. Koshy 1989.
70. Odegard 2014: 14.
71. Wickremesekera 2015.
72. Marshall 1980: 22.

73. Tagliacozzo 2002: 87.
74. Mostert 2007: 11.
75. Quoted in Weststeijn 2014: 18.
76. Quoted in Weststeijn 2014: 22.
77. Quoted in Boxer 1969: 95.
78. Adams 1996.
79. Stern 2009.
80. Stern 2009.
81. Washbrook 2004: 513-514.
82. Watson 1980: 77.
83. Watson 1980: 77.
84. Parker 2002: 200.
85. Pearson 1990: 91.
86. Chaudhuri 1965: 64.
87. Erikson 2014.
88. Chaudhuri 1965; Clulow 2009.
89. Hasan 1991: 357.
90. Hasan 1991: 356.
91. Subrahmanyam 1992; Richards 1993; Alam and Subrahmanyam 1998; Gommans 2002; Roy and Lorge 2015; de la Garza 2016.
92. Hasan 2004.
93. Vigneswaran 2014.
94. Watson 1980: 73.
95. Richards 1993: 239-240.
96. Hasan 1991: 360; Chaudhuri 1985: 87; Kumar 2015: 188.
97. Kumar 2015.
98. Richards 1993: 241.
99. Roy 2013: 1127; Hoffman 2015: 15.
100. Prakash 2002.
101. Gommans 2002.
102. Alam and Subrahmanyam 1998.
103. Gommans 1995, 2001.
104. Koshy 1989.
105. Koshy 1989.
106. Black 2004a: 220-221.
107. Parker 1996: 133.
108. Watson 1980: 80.
109. Parker 1996: 133.
110. Tagliacozzo 2002: 87; Marshall 2005: 135, 156; Lynn 2008: 159.
111. Blussé and Gaastra 1981: 8; Pearson 1990: 95-96; Chaudhuri 1985: 86.
112. Howard 1976: 52.
113. Parker 1996: 133.
114. Marshall 2005; Roy 2011b.
115. Stern 2009.

116. Bayly 1998: 33; Marshall 2005: 230; Peers 2007: 246.
117. Roy 2011b.
118. Cooper 2003.
119. Washbrook 2004: 481-482; Peers 2015: 303.
120. Cooper 2003: 538.
121. Marshall 2005: 207.
122. Parker 1996: 133; Headrick 2010: 149-151; Hoffman 2015: 86-87.
123. Roy 2013: 1130; see also Roy 2011a: 199, 217.
124. Chase 2003: 97-98.
125. Gommans and Kolff 2001: 40; Roy 2011a: 217; Peers 2011: 81; Washbrook 2004: 293.
126. Black 2004b; Peers 2011: 82; Cooper 2003: 540-541.
127. Eaton and Wagoner 2014: 16-17; see also Gommans and Kolff 2001: 34-35.
128. Roy 2011a: 199-201; see also Gommans 2002: 152; Peers 2011: 82.
129. Chase 2003: 136.
130. Cooper 2003; Roy 2011b.
131. Rogers 1995a: 6.
132. Roy 2013: 1143.
133. Marshall 2005: 126.
134. Kolff 2001.
135. Brewer 1989; Tilly 1985, 1992.
136. Streusand 1989, 2001; Gommans 2002; de la Garza 2016.
137. Richards 1993: 24-25.
138. Richards 1993: 19-25; Gommans 2002: 80-91; Streusand 2001: 353.
139. Gommans and Kolff 2001: 23.
140. Streusand 2011: 206.
141. Streusand 2011: 208.
142. Richards 1993: 75, 185.
143. Gommans 2002; Lorge 2008, de la Garza 2016.
144. Gommans 2002: 69; Hasan 2004: 126; de la Garza 2016: 190.
145. Washbrook 2004: 501-502; Roy 2011a: 213-214.
146. Roy 2011a; Roy 2013.
147. Gommans 2001: 365-369.
148. Roy 2013: 1152.
149. Roy: 2011a: 215.
150. Peers 2011: 83.
151. Black 2004a: 219.
152. Marshall 2005: 124; Roy 2011a: 212.
153. Cooper 2003: 452; Peers 2011: 101.
154. Peers 2011: 99.
155. Gommans and Kolff 2001: 21
156. Roy 2013: 1151.
157. Marshall 2005: 230, 251.
158. Roy 2013: 1139.

159. Roy 2013: 1138–1139.
160. Lynn 2008: 157.
161. Contra Bryant 2013.
162. Washbrook 2004: 512.
163. Parker 1996: 4.
164. Taken from Eaton and Wagoner 2014: 19–21.

## 第三章  同一背景下亚洲对欧洲的入侵

1. Scammel 1989: 2.
2. Davies 2007.
3. Black 2004b: 76.
4. Agoston 2012: 113.
5. Casale 2010; Chase 2003; Black 1998: 31.
6. Tuck 2008: 497.
7. Wheatcroft 2008.
8. Parker 1996: 136.
9. Hodgson 1974; McNeill 1982.
10. Black 2004b: 2; see also MacDonald 2014: 27.
11. Black 1995: 99; Guilmartin 1995: 302–304; Agoston 1998: 129; Agoston 2005: 6; Agoston 2012: 110; Borekci 2006: 408.
12. Parker 1996: 35-37.
13. E.g. Downing 1992; Ertman 1997; Glete 2002; for a critique of this view, see Frost 2000; Davies 2007; Stevens 2007.
14. Parker 1996: 37.
15. Parker 1995: 337.
16. Parker 1996: 173; see the discussion of Parker's view of the Habsburgs and the military revolution in Agoston 1998: 128 footnote 9.
17. Parker 1990: 173.
18. Agoston 1998, 2012.
19. Agoston 2012: 125.
20. Black 1995: 99.
21. Boxer 1965: 13.
22. For an exception, see Rudolph and Rudolph 2010.
23. Guilmartin 1995: 318.
24. Parker 1995: 341.
25. Rogers 1995b: 56, 60–61.
26. Black 1995: 104; see also Guilmartin 1995: 302–304.
27. Guilmartin 1974, 1995; Glete 2000.
28. Hess 1978: 15.
29. Murphey 1993.
30. Murphey 1999: 37-39; Aksan 2011: 149; Agoston 2012: 115.
31. Murphey 1999: 45; Aksan 2011: 149–150.
32. Murphey 1999: 19, 32; Glete 2002: 39; Parrott 2012: 30; Agoston 2014: 93.

33. Agoston 2005: 23.
34. Borekci 2006; Agoston 2014: 96-98.
35. Aksan 2011.
36. Davies 2007.
37. Murphey 1999: 20.
38. Agoston 2014: 123.
39. Murphey 1999: 15; Chase 2003; Agoston 1998: 138-140; 2005.
40. Hodgson 1974; McNeill 1982.
41. Agoston 2005.
42. Chase 2003: 97.
43. Murphey 1999: 106.
44. Murphey 1999: 30-32.
45. Murphey 1999: 49; Dale 2010: 107; Aksan 2011: 143.
46. Glete 2002: 142-143.
47. Agoston 1998: 128.
48. Aksan 2007b: 268.
49. Agoston 2005.
50. Glete 2000: 96.
51. Murphey 1993; Colas 2016.
52. Murphey 1999: 32.
53. Agoston 2012: 117; Borekci 2006: 430.
54. Guilmartin 1995: 303.
55. Murphey 1999: 15.
56. Agoston 2012: 118.
57. Borekci 2006: 424-425; Agoston 2012: 111-112.
58. Murphey 1999: 21.
59. Murphey 1999: 10; Borekci 2006: 409; Agoston 2014: 124.
60. Black 1998: 108; Chase 2003: 203.
61. Aksan 2007a: 1.
62. Murphey 1999: 1.
63. Agoston 2005: 201.
64. Aksan 2007a: 55; Aksan 2011: 149; Dale 2010: 133.
65. Murphey 1999: 16.
66. Agoston 2012: 129.
67. Aksan 2007a: 38; Aksan 2011: 152, 156-158; Agoston 2012: 112; Agoston 2014: 123; Barkey 2008: 228-229.
68. Agoston 2012: 1300.
69. Aksan 2007b: 262.
70. Aksan 2002: 256.
71. Aksan 2007a: 56-57; Agoston 2012: 127.
72. Guilmartin 1995: 321; Murphey 1999: 49.
73. Aksan 2011: 159; Agoston 2005: 204; Agoston 2012: 133-134.
74. Grant 1999; Aksan 2002; Agoston 2014; Kadercan 2013/2014.
75. Murphey 1999: 14; Grant 1999: 182, 200; Chase 2003: 93-95.

76. Agoston 2012: 125.
77. Aksan 2007a: 53.
78. Tuck 2008: 498.
79. Ralston 1990; Stevens 2007.
80. Frost 2000: 13.
81. Hoffman 2015: 90; Aksan 1993: 222. In fact the Russian tsars paid tribute to the khan of the Tartars until as late as 1683 (Black 1998: 15).
82. Aksan 1993: 224.
83. Frost 2000: 320.
84. Hess 1978; Cook 1994; Black 2004b: 79.
85. Cook 1994: 83.
86. Cook 1994: 85; Disney 2009: 2.
87. Disney 2009: 11; Cook 1994: 84.
88. Hess 1978: 12.
89. Hess 1978: 32.
90. Pedreira 2007: 56, 59.
91. Hess 1978: 42.
92. Cook 1994: 124.
93. Cook 1994: 247-254.
94. Cook 1994.
95. Disney 2009: 19.
96. Hess 1978: 95.
97. Hess 1978: 121.
98. Cook 1994: 181.
99. Disney 2009: 2, 13.
100. Disney 2009: 13.
101. Cook 1994: 144; see also Glete 2000: 78.
102. Murphey 1993; Colas 2016.
103. Hess 1978: 193.
104. Rogers 1995b; Guilmartin 1995.
105. Black 1995: 100.
106. Parker 1995: 355-356.
107. Parker 1995: 356.
108. Black 2004b: x.
109. Murphey 1999: 13.
110. Hoffman 2015: 147-148, 169-170.
111. Gennaioli and Voth 2015: 1409-1413.
112. Gennaioli and Voth 2015: 1437; see also Karaman and Pamuk 2010.
113. E.g., Blaydes and Chaney 2013; Hoffman 2015: 148.
114. Brewer 1989; North and Weingast 1989.
115. Andrade 2011:11; see also Glete 2000: 11.
116. Black 2004a: 212.
117. Parker 1995: 338.
118. Mortimer 2004b.

119. Rogers 1995c.
120. Levy 1983: 10.
121. Downing 1992; Ertman 1997.
122. Ralston 1990; see Mahoney's 1999 critique of Ertman 1997.
123. Roberts [1955] 1995: 20.
124. Roberts [1955] 1995: 29.
125. E.g., Parker 1996: 3; Bayly 1998: 30; Rogers 1995b: 61–62, 74–75; Black 2004a: 218; Lorge 2008: 5–6.
126. Gat 2006.
127. Lorge 2008: 1.
128. See also Lorge 2005; Laichen 2003; Swope 2005, 2009; Andrade 2011, 2016; Andrade, Kang, and Cooper 2014.
129. Laichen 2003; Lorge 2008; Andrade 2016.
130. Lorge 2008: 5–6, 20–21, 177–178; see also Gommans 2002: 134–135, 159; Charney 2004: 72, 278–279; Lee 2015: 269–287.
131. Gommans 2002; Streusand 2011.
132. Gommans and Kolff 2001; Gommans 2002.
133. Eaton and Wagoner 2014.
134. Hodgson 1974; McNeill 1982: 95–96.
135. Gommans 2002; Streusand 2011; Lorge 2008; Swope 2009; Eaton and Wagoner 2014; Andrade 2011, 2016; de la Garza 2016; Gommans and Kolff 2001.
136. Johnston 2012; Kang 2010, 2014; Suzuki et al. 2014; Hobson 2004; Hui 2005; Ringmar 2012.
137. Fazal 2007; Kang 2014; Butcher and Griffiths 2017.
138. Hui 2005.
139. Hui 2005: 1.
140. Hui 2005: 36.
141. See also Lorge 2005: 2.
142. Lorge 2008: 6–7, 178; see also Black 2004b: 153.
143. Lorge 2008: 99–100.
144. Black 2004a: 215, 223–224; 2004b: 67–72.
145. Thornton 1999: 8; see also Hobson 2012; Kadercan 2013/2014; Suzuki et al. 2014.
146. Agoston 2005; Subrahmanyam 2006; Aksan 2007; Lorge 2008; Gommans 2000.

## 第四章　结论：欧洲人最终是如何获胜的
　　　　（在他们后来失败之前）

1. Philpott 2001; Crawford 2002; Keene 2002; Spruyt 2005; Reus-Smit 2013.
2. MacDonald 2014: 10.
3. Doyle 1986; Mann 1993; Gat 2006; Darwin 2007.
4. Vandervort 1998: 1.
5. MacDonald 2014: 17.

6. For differing views of the significance of the conference itself, see Craven 2015.
7. Vandervort 1998: 30.
8. See among many others Chamberlain 1974; Snyder 1991; Cain and Hopkins 1993; Mommsen 1980; Hobsbawm 2010; Hyam 2010; Darwin 2014.
9. The "capacity aggregation" idea, see Morrow 1991; Liberman 1996; Hager and Lake 2000; Spruyt 2005.
10. Spruyt 2005: 39.
11. Reus-Smit 2011.
12. Bosworth 1979; Suzuki 2009; Barnhart 2016.
13. Bosworth 1996: 99.
14. Bosworth 1996: 101.
15. Vandervort, 1998: 32–33.
16. Bosworth 1996: 94.
17. Suzuki 2005: 154.
18. Brunschwig 1966; Cooke 1973; Barnhart 2016.
19. Locher-Scholten 1994.
20. Lorge 2008: 98.
21. Lorge 2008: 110; see also Black 2004b: 154.
22. Giordani 1916; Galbraith 1970; Slinn 1971; Vail 1976; Neil-Tomlinson 1977.
23. Hoffman 2015: 208; see also Davis and Huttenback 1986.
24. Spruyt 2005: 55–77; MacDonald 2009: 61–62.
25. Barkawi 2005; 2017.
26. Headrick 1981.
27. Headrick 2010: 146–147. In comparison, in the nineteenth century the resistance by the North American Indians was consistently sapped by successive deadly epidemics, see Headrick 2010: 123–127.
28. Charney 2004: 72; Black 2004b: 159.
29. Vandervort 1998; Charney 2004; Darwin 2007; MacDonald 2014.
30. Vandervort 1998; Thompson 1999; Newbury 2003; Spruyt 2005; Darwin 2007; MacDonald 2014.
31. Ralston 1990; Charney 2004: 243, 263; Black 2004b: 219; Roy 2013: 1152; Gommans and Kolff 2001: 40; Headrick 2010: 139; Wickremesekera 2015.
32. Vandervort 1998.
33. Headrick 2010: 168.
34. Vandervort 1998: 185.
35. Judd and Surridge 2002.
36. MacDonald 2014: 231–232; see also MacDonald 2013.
37. Fay 1998; Wong 2000; Lovell 2011; Bickers 2012.
38. Hanes and Sanello 2002; Bickers 2012.
39. Perdue 2005.
40. Andrade 2016: 243; Mao 2016: 30.
41. Lorge 2008: 168.
42. Polachek 1991.

43. Mao 2016.
44. Ralston 1990.
45. Finnemore 1996; Wendt 1999; Finnemore 2003; Phillips 2011; Reus-Smit 2013.
46. Jackson 1993; Philpott 2001; Crawford 2002; Reus-Smit 2013.
47. Merom 2003; Arreguin-Toft 2005; Lyall and Wilson 2009; Caverley 2014.
48. Biddle 2004.
49. Mack 1975; Merom 2003; Record 2007.
50. Bacevich 2016.
51. Black 2004b: x.
52. Andrade 2016: 115–116.
53. Nelson and Winter 1982.
54. Alchian 1950.
55. McNeill 1982: 147.
56. Hoffman 2015: 53.
57. March and Olsen 1989, 1998; Pierson 2004; Sharman 2015.
58. Gennaioli and Voth 2015: 1409.
59. Rogowski 1999: 115.
60. Glete 2002: 2–3; see also p. 28.
61. Tuck 2008: 470; see also Waltz 1979: 77; Resende-Santos 2007: 6; Reid 1982: 1; Posen 1993: 120; Walt 2002: 203.
62. Gray 2007: 84, see also Chase 2003: xv.
63. Biddle 2004; Brooks 2007.
64. March and Olsen 1989: 55; 1998: 954.
65. Lorge 2008: 86.
66. Meyer and Rowan 1977; March and Olsen 1989; Powell and DiMaggio 1991.
67. Farrell 2005, 2007.
68. Farrell 2007: 147.
69. Eyre and Suchman 1996.
70. See the journal *War and Society* and book series of this name.
71. For general work on this evolutionary perspective, see Modelski and Poznanski 1996; Kahler 1999; Thompson 2001; Rapkin 2001; Spruyt 2001.
72. Chase 2003: xv.
73. Sharman 2015.
74. Strang 1991; Lake and O'Mahony 2004; Fazal 2007.
75. Kahler 1999: 164.
76. Rogowski 1999: 137.
77. Buzan and Little 2000; Hobden and Hobson 2002.

# 参考文献

Adams, Julia. 1996. "Principals and Agents, Colonials and Company Men: The Decay of Colonial Control in the Dutch East Indies," *American Sociological Review* 61 (1): 12-28.

Adams, Julia. 2005. *The Familial State: Ruling Families and Merchant Capitalism in Early Modern Europe*. Ithaca, NY: Cornell University Press.

Agoston, Gabor. 1998. "Habsburgs and Ottomans: Defense, Military Change and Shifts in Power." *Turkish Studies Association Bulletin* 22 (1):126-141.

Agoston, Gabor. 2005. *Guns for the Sultan: Military Power and the Weapons Industry in the Ottoman Empire*. Cambridge: Cambridge University Press.

Agoston, Gabor. 2012. "Empires and Warfare in East-Central Europe, 1550-1750: The Ottoman-Habsburg Rivalry and Military Transformation." In *European Warfare 1350-1750*, edited by Frank Tallet and D.J.B. Trim, 110-135. Cambridge: Cambridge University Press.

Agoston, Gabor. 2014. "Firearms and Military Adaptation: The Ottomans and the European Military Revolution, 1450-1800." *Journal of World History* 15 (1): 85-124.

Aksan, Virginia. 1993. "The One-Eyed Fighting the Blind: Mobilization, Supply, and Command in the Russo-Turkish War of 1768-1774." *International History Review* 15 (2): 221-238.

Aksan, Virginia. 2002. "Breaking the Spell of Baron de Tott: Reframing the Question of Military Reform in the Ottoman Empire 1760-1830" *International History Review* 24 (2): 253-277.

Aksan, Virginia H. 2007a. *Ottoman Wars 1700-1870: An Empire Besieged*. Harlow: Pearson Longman.

Aksan, Virginia H. 2007b. "The Ottoman Military and State Transformation in a Globalising World." *Comparative Studies of South Asia, Africa and the Middle East* 27 (2): 259-272.

Aksan, Virginia H. 2011. "Ottoman Military Ethnographies of Warfare, 1500-1800." In *Empires and Indigenes: Intercultural Alliances, Imperial Expansion, and Warfare in the Early Modern World*, edited by Wayne E. Lee, 141-163. New York: New York University Press.

Alam, Muzaffar, and Sanjay Subrahmanyam (eds). 1998. *The Mughal State 1526-1750*. Delhi: Oxford University Press.

Alchian, Armen A. 1950. "Uncertainty, Evolution and Economic Theory." *Journal of Political Economy* 58 (3): 211-221.

Anderson, M. S. 1988. *War and Society in Europe of the Old Regime, 1618-1789*. Montreal: McGill-Queen's University Press.

Andrade, Tonio. 2004. "The Company's Chinese Pirates: How the Dutch East India Company Tried to Lead a Coalition of Pirates to War against China, 1621-1662." *Journal of World History* 15 (4): 415-444.

Andrade, Tonio. 2011. *Lost Colony: The Untold Story of China's First Victory over the West*. Princeton: Princeton University Press.

Andrade, Tonio. 2015. "Cannibals with Cannons: The Sino-Portuguese Clashes of 1521-22 and the Early Chinese Adoption of Western Guns." *Journal of Early Modern History* 19 (4): 311-335.

Andrade, Tonio. 2016. *The Gunpowder Age: China Military Innovation and the Rise of the West in World History*. Princeton: Princeton University Press.

Andrade, Tonio, Hybok Hweon Kang, and Kirsten Cooper. 2014. "A Korean Military Revolution: Parallel Military Innovations in East Asia and Europe." *Journal of World History* 25 (1): 51-84.

Anievas, Alexander, and Kerem Nişancioglu. 2015. *How the West Came to Rule: The Geopolitical Origins of Capitalism*. London: Pluto.

Anievas, Alexander, and Kerem Nişancioglu. 2017. "How Did the West Usurp the Rest? Origins of the Great Divergence over the Longue Durée." *Comparative Studies in Society and History* 59 (1): 34-67.

Arreguin-Toft, Ivan. 2005. *How the Weak Win Wars: A Theory of Asymmetric Conflict*. Cambridge: Cambridge University Press.

Asselbergs, Florine. 2008. *Conquered Conquistadors: The Lienzo de Quauquechollan, a Nahua Vision of the Conquest of Guatemala*. Boulder: University Press of Colorado.

Bacevich, Andrew J. 2016. *America's War for the Greater Middle East: A Military History*. New York: Random House.

Barkawi, Tarak. 2005. *Globalization and War*. Langham MD: Rowman and Littlefield.

Barkawi, Tarak. 2017. *Soldiers of Empire: India and British Armies in World War II*. Cambridge: Cambridge University Press.

Barkey, Karen. 2008. *Empire of Difference: The Ottomans in Comparative Perspective*. Cambridge: Cambridge University Press.

Barnhart, Joslyn. 2016. "Status Competition and Territorial Aggression: Evidence from the Scramble for Africa." *Security Studies* 25 (3): 385-419.

Bayly, C. A. 1998. "The First Age of Global Imperialism, c.1760-1830." *Journal of Imperial and Commonwealth History* 26 (2):28-47.

Bayly, C. A. 2004. *The Birth of the Modern World 1780-1914*. Oxford: Blackwell.

Behrend, Heike. 1999. *Alice Lakwena and the Holy Spirits: War in Northern Uganda 1986-97*. Athens: Ohio University Press.

Bethencourt, Francisco, and Diogo Ramada Curto (Eds). 2007. *Portuguese Oceanic Expansion, 1400-1800*. Cambridge: Cambridge University Press.

Bickers, Robert. 2012. *The Scramble for China: Foreign Devils in the Qing Empire 1832-1914*. London: Penguin.

Biddle, Stephen. 2004. *Military Power: Explaining Victory and Defeat in Modern Battle*. Princeton: Princeton University Press.

Biedermann, Zoltan. 2009. "The Matrioshka Principle and How It Was Overcome: The Portuguese and Hapsburg Imperial Attitudes in Sri Lanka and the Responses of the Rulers of Kotte (1506-1598)." *Journal of Early Modern History* 13 (4): 265-310.

Black, Jeremy. 1991. *A Military Revolution? Military Change and European Society 1550-1800*. London: Palgrave.

Black, Jeremy. 1995. "A Military Revolution? A 1660-1792 Perspective." In *The Military Revolution Debate: Readings in the Military Transformation of Early Modern Europe*, edited by Clifford J. Rogers, 95-116. Boulder, CO: Westview.

Black, Jeremy. 1998. *War and the World: Military Power and the Fate of Continents 1450-2000*. New Haven: Yale University Press.

Black, Jeremy. 2004a. "A Wider Perspective: War Outside the West" in the Early Modern Period?' In *Early Modern Military History, 1450-1815*, edited by Geoff Mortimer, 212-226. Houndmills, UK: Palgrave.

Black, Jeremy. 2004b. *Rethinking Military History*. Abingdon, UK: Routledge.

Blaydes, Lisa, and Eric Chaney. 2013. "The Feudal Revolution and Europe's Rise: Political Divergence of the Christian West and the Muslim World before 1500 CE." *American Political Science Review*, 107 (1): 16-34.

Blussé, Leonard, and Femme Gaastra (eds.). 1981. *Companies and Trade: Essays on Overseas Trading Companies During the Ancien Regime*. Leiden: Leiden University Press.

Blussé, Leonard, and Femme Gaastra. 1981. "Companies and Trade: Some Reflections on a Workshop and a Concept." In *Companies and Trade: Essays on Overseas Trading Companies During the Ancien Regime*, edited by Leonard Blussé and Femme Gaastra, 3-16. Leiden: Leiden University Press.

Borekci, Gunhan. 2006."A Contribution to the Military Revolution Debate: The Janissaries Use of Volley Fire during the Long Ottoman-Habsburg War of 1593-1606 and the Problem of Origins." *Acta Orientalia Academiae Scientarium Hungaricae* 59 (4): 407-438.

Bose, Sugata. 2009. *A Hundred Horizons: The Indian Ocean in an Age of Global Empire*. Cambridge: Harvard University Press.

Bosworth, R.J.B. 1979. *Italy, Least of the Great Powers: Italian Foreign Policy before the First World War*. Cambridge: Cambridge University Press.

Bosworth, R.J.B. 1996. *Italy and the Wider World 1860-1960*. London: Routledge.

Boxer, C. R. 1965. *The Dutch Seaborne Empire 1600-1800*. New York: Alfred Knopf.

Boxer, C. R. 1969. "A Note on Portuguese Reactions to the Revival of the Red Sea Spice Trade and the Rise of Atjeh." *Journal of Southeast Asian History* 10 (December): 415-428.

Brewer, John. 1989. *The Sinews of Power: War, Money and the English State 1688-1783*. London: Unwin Hyman.

Brooks, Risa A. 2007. "Introduction: The Impact of Culture, Society, Institutions, and International Forces on Military Effectiveness." In *Creating Military Power: The Sources of Military Effectiveness*, edited by Risa A. Brooks and Elizabeth Stanley, 1-26. Palo Alto: Stanford University Press.

Brunschwig, Henri. 1966. *French Colonialism, 1871-1914: Myths and Realities*. New York: Prager.

Bryant, G. J. 2013. *The Emergence of British Power in India 1600-1784: A Grand Strategic Interpretation*. Woodbridge: Boyall.

Bryant, Joseph M. 2006. "The West and the Rest Revisited: Debating Capitalist Origins, European Colonialism, and the Advent of Modernity." *Canadian Journal of Sociology/Cahiers Canadien de Sociologie* 31 (4): 403-444.

Bull, Hedley, and Adam Watson (eds). 1984. *The Expansion of International Society*. Oxford: Oxford University Press.

Busse, Jeffrey A., Amit Goyal, and Sunil Wahal. 2010. "Performance and Persistence in Institutional Investment Management." *Journal of Finance* 65 (2): 765-790.

Butcher, Charles R. and Ryan D. Griffith. 2017. "Between Eurocentrism and Babel: A Framework for the Analysis of States, State Systems, and International Orders." *International Studies Quarterly* 61 (2): 328-336.

Buzan, Barry, and George Lawson. 2013. "The Global Transformation: The Nineteenth Century and the Making of Modern International Relations." *International Studies Quarterly* 57 (3): 620-634.

Buzan, Barry and George Lawson. 2015. *The Global Transformation: History, Modernity and the Making of International Relations*. Cambridge: Cambridge University Press.

Buzan, Barry, and Richard Little. 2000. *International Systems in World History: Remaking the Study of International Relations*. Oxford: Oxford University Press.

Cain, P. J., and A. G. Hopkins. 1993. *British Imperialism: Innovation and Expansion 1688-1914*. London: Longman.

Carlos, Ann M., and Frank D. Lewis. 2010. *Commerce by a Frozen Sea: Native Americans and the Fur Trade*. Philadelphia: University of Pennsylvania Press.

Casale, Giancarlo. 2010. *The Ottoman Age of Exploration*. Oxford: Oxford University Press.

Cavanagh, Edward. 2011. "A Company with Sovereignty and Subjects of Its Own? The Case of the Hudson's Bay Company, 1670-1763." *Canadian Journal of Law and Society* 26 (1): 25-50.

Caverley, Jonathan D. 2014. *Democratic Militarism: Voting, Wealth and War*. Cambridge: Cambridge University Press.

Chamberlain, M. E. 1974. *The Scramble for Africa*. Harlow: Pearson.

Chang, Tom Y., David H. Solomon, and Mark Westerfield. 2016. "Looking for Someone to Blame: Delegation, Cognitive Dissonance, and the Disposition Effect." *Journal of Finance*. 71 (1): 267-302.

Charney, Michael W. 2004. *Southeast Asian Warfare 1300-1900*. Leiden: Brill.

Chase, Kenneth. 2003. *Firearms: A Global History to 1700*. Cambridge: Cambridge University Press.

Chaudhuri, K. N. 1965. *The English East India Company: The Study of an Early Joint Stock Company*. London: Frank Cass.

Chaudhuri, K. N. 1985. *Trade and Civilisation in the Indian Ocean: An Economic History from the Rise of Islam to 1750*. Cambridge: Cambridge University Press.

Chaudhuri, K. N. 1990. "Reflections on the Organizing Principle of Pre-Modern Trade." In *The Political Economy of Merchant Empires: State Power and World Trade 1350-1750*, edited by James D. Tracy, 421-442. Cambridge: Cambridge University Press.

Cipolla, Carlo M. 1965. *Guns, Sails and Empires: Technological Innovation and the Early Phases of European Expansion*. New York: Minerva.

Clayton, Anthony. 1999. *Frontiersmen: Warfare in Africa Since 1950*. London: Routledge.

Clulow, Adam. 2009. "European Maritime Violence and Territorial States in Early Modern Asia, 1600-1650." *Itinerario*, 33 (3): 72-94.

Clulow, Adam. 2014. *The Company and the Shogun: The Dutch Encounter with Tokugawa Japan*. New York: Columbia University Press.

Colas, Alejandro. 2016. "Barbary Coast in the Expansion of International Society: Privacy, Privateering, and Corsairing as Primary Institutions." *Review of International Studies* 42 (5): 840-857.

Cook, Noble David. 1998. *Born to Die: Disease and New World Conquest 1492-1650*. Cambridge: Cambridge University Press.

Cook, Weston F. 1994. *The Hundred Years War for Morocco: Gunpowder and the Military Revolution in the Early Modern Muslim World*. Boulder, CO: Westview.

Cooke, J. J. 1973. *New French Imperialism: The Third Republic and Colonial Expansion*. London: David and Charles.

Cooper, R.G.S. 2003. *The Anglo-Maratha Campaigns and the Contest for India: The Struggle of Control of the South Asian Military History*. Cambridge: Cambridge University Press.

Craven, Matthew. 2015. "Between Law and History: The Berlin Conference of 1884-85 and the Logic of Free Trade." *London Review of International Law* 3 (1): 31-59.

Crawford, Neta C. 2002. *Argument and Change in World Politics: Ethics, Decolonisation and Humanitarian Intervention*. Cambridge: Cambridge University Press.

Dale, Stephen F. 2010. *The Muslim Empires of the Ottomans, Safavids, and Mughals*. Cambridge: Cambridge University Press.

Darwin, John. 2007. *After Tamerlane: The Rise and Fall of Global Empires 1400-2000*. London: Penguin.

Darwin, John. 2014. *Unfinished Empire: The Global Expansion of Britain*. London: Bloomsbury.

Davies, Brian. 2007. *Warfare, State and Society on the Black Sea Steppe 1500-1700*. Abingdon, UK: Routledge.

Davis, Lance Edwin, and Robert A. Huttenback. 1986. *Mammon and the Pursuit of Empire: The Political Economy of British Imperialism 1860-1912*. Cambridge: Cambridge University Press.

de Armond, Louis. 1954. "Frontier Warfare in Colonial Chile." *Pacific Historical Review* 23 (2): 125-132.

de la Garza, Andrew. 2016. *The Mughal Empire at War: Babur, Akbar and the Indian Military Revolution, 1500-1605*. Abingdon, UK: Routledge.

Diamond, Jared. 1997. *Guns, Germs and Steel: The Fates of Human Societies*. New York: W. W. Norton.
DiMaggio, Paul J., and Walter W. Powell. 1983. "The Iron Cage Revisited: Institutional Isomorphism and Collective Rationality in Organizational Fields." *American Sociological Review* 48 (2): 147–160.
Disney, A. R. 2009. *A History of Portugal and the Portuguese Empire*. Vol. 2: *The Portuguese Empire*. Cambridge: Cambridge University Press.
Downing, Brian M. 1992. *The Military Revolution and Political Change: The Origins of Democracy and Autocracy in Early Modern Europe*. Princeton: Princeton University Press.
Doyle, Michael W. 1986. *Empires*. Ithaca, NY: Cornell University Press.
Drori, Gili S., John W. Meyer, Hokyu Hwang. 2006. "World Society and the Proliferation of Formal Organization." In *Globalization and Organization: World Society and Organizational Change*, edited by Gili S. Drori, John W. Meyer, and Hokya Hwang, 25–49. Oxford: Oxford University Press.
Dunne, Tim, and Christian Reus-Smit (eds.) 2017. *The Globalization of International Society*. Oxford: Oxford University Press.
Eaton, Richard M., and Phillip B. Wagoner. 2014 "Warfare on the Deccan Plateau, 1450–1600: A Military Revolution in Early Modern India?" *Journal of World History* 25 (1): 5–50.
Elman, Colin, and Miriam Fendius Elman. 1999. "Diplomatic History and International Relations Theory: Respecting Difference and Crossing Boundaries." *International Security* 22 (1): 5–21.
Elman, Colin and Miriam Fendius Elman. 2008. "The Role of History in International Relations." *Millennium* 37 (2): 357–364.
Ellis, Stephen. 1999. *Mask of Anarchy: The Destruction of Liberia and the Religious Dimension of an African Civil War*. New York: New York University Press.
Elster, Jon. 1989. *The Cement of Society: A Survey of Social Order*. Cambridge: Cambridge University Press.
Elster, Jon. 1995. "Functional Explanation: In Social Science." In *Readings in the Philosophy of Social Science*, edited by Michael Martin and Lee C. McIntyre, 402–413. Cambridge: MIT Press.
Elster, Jon. 2000. "Rational Choice History: A Case of Excessive Ambition." *American Political Science Review* 94 (3): 685–695.
Elster, Jon. 2007. *Explaining Social Behavior: More Nuts and Bolts for the Social Sciences*. Cambridge: Cambridge University Press.
Erikson, Emily. 2014. *Between Monopoly and Free Trade: The English East India Company 1600–1757*. Princeton: Princeton University Press.
Erikson, Emily, and Valentina Assenova. 2015. "New Forms of Organization and the Coordination of Political and Commercial Actors." In *Chartering Capitalism: Organizing Markets, States, and Publics*. Special issue of *Political Power and Social Theory* 29 (1): 1–13.
Ertman, Thomas. 1997. *Birth of Leviathan: Building States and Regimes in Medieval and Early Modern Europe*. Cambridge: Cambridge University Press.

Eyre, Dana P., and Mark C. Suchman. 1996. "Status, Norms and the Proliferation of Conventional Weapons: An Institutional Theory Approach." In *The Culture of National Security: Norms and Identity in World Politics*, edited by Peter J. Katzenstein, 79–104. New York: Columbia University Press.

Farrell, Theo. 2005. "World Culture and Military Power." *Security Studies* 14 (3): 448–488.

Farrell, Theo. 2007. "Global Norms and Military Effectiveness: The Army in Early Twentieth-Century Ireland." In *Creating Military Power: The Sources of Military Effectiveness*, edited by Risa A. Brooks and Elizabeth Stanley, 136–157. Palo Alto: Stanford University Press.

Fay, Peter Ward. 1998. *Opium War, 1840–42: Barbarians in the Celestial Empire in the Early Part of the Nineteenth Century and the War by Which They Forced her Gates*. Chapel Hill: University of North Carolina Press.

Fazal, Tanisha M. 2007. *State Death: The Politics and Geography of Conquest, Occupation and Annexation*. Princeton: Princeton University Press.

Ferguson, Niall. 2011. *Civilization: The West and the Rest*. New York: Penguin.

Finnemore, Martha. 1996. *National Interests in International Society*. Ithaca, NY: Cornell University Press.

Finnemore, Martha. 2003. *The Purpose of Intervention: Changing Beliefs about the Use of Force*. Ithaca, NY: Cornell University Press.

Frank, André Gunder. 1998. *ReORIENT: Global Economy in the Asian Age*. Berkeley: University of California Press.

Friedman, Milton. 1953. *Essays in Positive Economics*. Chicago: University of Chicago Press.

Frost, Robert I. 2000. *The Northern Wars 1558–1721*, Harlow: Pearson.

Fuller, J.F.C. 1954. *A Military of the Western World*. New York: Funk and Wagnalls.

Furber, Holden. 1976. *Rival Empires of the Trade in the Orient 1600–1800*. Minneapolis: University of Minnesota Press.

Gaastra, Femme. 1981. "The Shifting Balance of Trade of the Dutch East India Company." In *Companies and Trade: Essays on Overseas Trading Companies During the Ancien Regime*, edited by Leonard Blussé and Femme Gaastra, 47–69. Leiden: Leiden University Press.

Gaastra, Femme. 2003. *The Dutch East India Company: Expansion and Decline*. Amsterdam: Walburg Pers.

Galbraith, J. S. 1970. "Italy, the British East Africa Company, and the Benadir Coast, 1888–1893." *Journal of Modern History* 42 (4): 549–563.

Gat, Azar. 2006. *War in Human Civilization*. Oxford: Oxford University Press.

Gberie, Lansana. 2005. *A Dirty War in West Africa: The RUF and the Destruction of Sierra Leone*. Bloomington: Indiana University Press.

Gennaioli, Nicola, and Hans-Joachim Voth. 2015. "State Capacity and Military Conflict." *Review of Economic Studies* 82 (4): 1409–1448.

George, Alexander L., and Andrew Bennett. 2004. *Case Studies and Theory Development in the Social Sciences*. Cambridge: MIT Press.

Giordani, Paolo. 1916. *The German Colonial Empire: Its Beginning and Ending*. London: G. Bell and Sons.

Glete, Jan. 2000. *Warfare at Sea 1500-1650: Maritime Conflicts and the Transformation of Europe*. New York: Routledge.

Glete, Jan. 2002. *War and State in Early Modern Europe: Spain, the Dutch Republic and Sweden as Fiscal-Military States, 1500-1660*. London: Routledge.

Go, Julian, and George Lawson (Eds). 2017. *Global Historical Sociology*. Cambridge: Cambridge University Press.

Gommans, Jos J. L. 1995. *The Rise of the Indo-Afghan Empire, c.1710-1780*. Leiden: Brill.

Gommans, Jos J. L., and Dirk H. A. Kolff. 2001. "Introduction: Warfare and Weaponry in South Asia 1000-1800AD." In *Warfare and Weaponry in South Asia 1000-1800*, edited by Jos J.L Gommans and Dirk H.A. Kolff, 1-42. New Delhi: Oxford University Press.

Gommans, Jos J. L. 2001. "Indian Warfare and Afghan Innovation During the Eighteenth Century." In *Warfare and Weaponry in South Asia 1000-1800*, edited by Jos J.L Gommans and Dirk H.A. Kolff, 365-386. New Delhi: Oxford University Press.

Gommans, Jos. 2002. *Mughal Warfare: Indian Frontiers and the High Road to Empire 1500-1700*. London: Routledge.

Grant, Jonathan. 1999. "Rethinking Ottoman 'Decline': Military Technology Diffusion in the Ottoman Empire, Fifteenth to Eighteenth Centuries." *Journal of World History* 10 (1): 179-201.

Gray, Colin S. 2007. *Another Bloody Century: Future War*. New York: Phoenix.

Guilmartin, John F. 1974. *Gunpowder and Galleys: Changing Technology and Mediterranean Warfare at Sea in the 16th Century*. Cambridge: Cambridge University Press.

Guilmartin, John F. 1995. "The Military Revolution: Origins and First Tests Abroad." In *The Military Revolution Debate: Readings in the Military Transformation of Early Modern Europe*, edited by Clifford J. Rogers, 299-333. Boulder, CO: Westview.

Guilmartin, John F. 2002. *Galleons and Galleys*. London: Cassel.

Guilmartin, John F. 2011. "The Revolution in Military Warfare at Sea During the Early Modern Era: Technological Origins, Operational Outcomes and Strategic Consequences." *Journal for Maritime Research* 13 (2): 129-137.

Hager, Robert P., and David A. Lake. 2000. "Balancing Empires: Competitive Decolonization in International Politics." *Security Studies* 9 (3): 108-148.

Hale, J. R. 1986. *War and Society in Renaissance Europe, 1450-1620*. Baltimore: Johns Hopkins University Press.

Hanes, W. Travis, and Frank Sanello. 2002. *Opium Wars: The Addiction of One Empire and the Corruption of the Other*. Naperville, IL.: Sourcebooks.

Hanson, Victor Davis. 1989. *The Western Way of War: Infantry Battle in Ancient Greece*. Berkeley: University of California Press.

Hanson, Victor Davis. 2002. *Carnage and Culture: Landmark Battles in the Rise of Western Power.* New York: Anchor.

Hasan, Farhat. 1991. "Conflict and Cooperation in Anglo-Mughal Trade Relations during the Reign of Aurangzeb." *Journal of the Economic and Social History of the Orient* 34 (4): 351–360.

Hasan, Farhat. 2004. *State and Locality in Mughal India: Power Relations in Western India c. 1572–1730.* Cambridge: Cambridge University Press.

Hassig, Ross. 2006. *Mexico and the Spanish Conquest.* Norman: University of Oklahoma Press.

Hassner, Ron E. 2016. *Religion on the Battlefield.* Ithaca, NY: Cornell University Press.

Headrick, Daniel R. 1981. *Tools of Empire: Technology and European Imperialism in the Nineteenth Century.* Oxford: Oxford University Press.

Headrick, Daniel R. 2010. *Power Over Peoples: Technology, Environments, and Western Imperialism, 1400 to the Present.* Princeton: Princeton University Press.

Hess, Andrew C. 1978. *The Forgotten Frontier: A History of the Sixteenth-Century Ibero-African Frontier.* Chicago: University of Chicago.

Hobden, Stephen and John M. Hobson (eds). 2002. *Historical Sociology of International Relations.* Cambridge: Cambridge University Press.

Hobsbawm, Eric. 2010. *Age of Empire 1875–1914.* London: Hachette.

Hobson, John M. 2004. *The Eastern Origins of Western Civilization.* Cambridge: Cambridge University Press.

Hobson, John M. 2012. *The Eurocentric Conception of World Politics: Western International Theory 1760–2010.* Cambridge: Cambridge University Press.

Hodgson, Marshall G. S. 1974. *The Venture of Islam: Conscience and History in a World Civilization.* Chicago: University of Chicago Press.

Hoffman, Philip T. 2015. *Why Did Europe Conquer the World?* Princeton: Princeton University Press.

Howard, Michael. 1976. *War in European History.* Oxford: Oxford University Press.

Hui, Victoria Tin-bor. 2005. *War and State Formation in Ancient China and Early Modern Europe.* Cambridge: Cambridge University Press.

Hyam, Ronald. 2010. *Understanding the British Empire.* Cambridge: Cambridge University Press.

Isaacman, Allen. 1972. *Mozambique: The Africanization of a European Institution: Zambezi Prazos, 1750–1902.* Madison: University of Wisconsin Press.

Jackson, Robert H. 1993. "The Weight of Ideas in Decolonization: Normative Change in International Relations." In *Ideas and Foreign Policy: Beliefs, Institutions and Political Change,* edited by Judith Goldstein and Robert O. Keohane, 111–138. Ithaca NY: Cornell University Press.

Jenkinson, Tim, Howard Jones, and Jose Vincente Martinez. 2016. "Picking Winners? Investment Consultants' Recommendation of Fund Managers." *Journal of Finance* 71 (5): 2333–2370.

Johnston, Alastair Iain. 2012. "What (If Anything) Does East Asia Tell us About International Relations Theory?" *Annual Review of Political Science* 15: 53–78.

Jones, Eric. 2003. *The European Economic Miracle: Environments, Economies and Geopolitics in the History of Europe and Asia*. Cambridge: Cambridge University Press.

Judd, Dennis, and Keith Surridge. 2002. *The Boer War: A History*. London: I. B. Taurus.

Kadercan, Burak. 2013/2014. "Strong Armies, Slow Adaption: Civil-Military Relations and the Diffusion of Military Power." *International Security* 38 (3): 117-152.

Kahler, Miles. 1999. "Evolution, Choice, and International Change." In *Strategic Choice and International Relations*, edited by David A. Lake and Robert Powell, 164-96. Princeton: Princeton University Press.

Kamen, Henry. 2002. *Empire: How Spain Became a World Power 1492-1763*. London: Penguin.

Kang, David C. 2003. "Getting Asia Wrong: The Need for New Analytical Frameworks." *International Security* 27 (4): 57-85.

Kang, David C. 2010. *East Asia Before the West: Five Centuries of Trade and Tribute*. New York: Columbia University Press.

Kang, David C. 2014. "Why Was There No Religious War in Pre-Modern East Asia?" *European Journal of International Relations* 20 (4): 965-986.

Karaman, K. Kivanç, and Şevket Pamuk. 2010. "Ottoman State Finances in European Perspective, 1500-1914." *Journal of Economic History* 70 (3): 593-629.

Keegan, John. 1976. *The Face of Battle*. London: Jonathan Cape.

Keegan, John. 1993. *A History of Warfare*. London: Hutchinson.

Keene, Edward. 2002. *Beyond the Anarchical Society: Grotius, Colonialism and Order in World Politics*. Cambridge: Cambridge University Press.

Kemper, Simon. 2014. "War-Bands on Java: Military Labour Markets in VOC Sources," Masters Thesis, Leiden University.

Kennedy, Paul. 1988. *The Rise and Fall of the Great Powers*. New York: Vintage.

Kian, Kwee Hui. 2008. "How Strangers Became Kings: Javanese-Dutch Relations in Java 1600-1800." *Indonesia and the Malay World*. 36 (105): 293-307.

Klein, P. W. 1981. "The Origins of Trading Companies." In *Companies and Trade: Essays on Overseas Trading Companies During the Ancien Regime*, edited by Leonard Blussé and Femme Gaastra, 17-28. Leiden: Leiden University Press.

Knight, Ian J. 1994. *Warrior Chiefs of Southern Africa*. New York: Firebird Books.

Kolff, Dirk H. A. 2001. "The Peasantry and the Polity." In *Warfare and Weaponry in South Asia 1000-1800*, edited by Jos J. L Gommans and Dirk H. A. Kolff, 202-231. New Delhi: Oxford University Press.

Koshy, K. O. 1989. *The Dutch Power in Kerala (1729-1758)* New Delhi: Mittal.

Kumar, Amarendra. 2015. "The Politics of Military Control in the West Coast: Marathas, Mughals and the Europeans, 1650-1730." In *Chinese and Indian Warfare: From the Classical Age to 1870*, edited by Kaushik Roy and Peter Lorge, 181-199. Abingdon, UK: Routledge.

Laichen, Sun. 2003. "Military Technology Transfer from Ming China and the Emergence of Northern Mainland Southeast Asia (c. 1390-1527)" *Journal of Southeast Asian Studies* 34 (3): 495-517.

Lake, David A., and Angela O'Mahony. 2004. "The Incredible Shrinking State: Explaining Change in the Territorial Size of Countries." *Journal of Conflict Resolution* 48 (5): 699–722.

Lan, David. 1985. *Guns and Rain: Guerillas and Spirit Mediums in Zimbabwe.* Berkeley: University of California Press.

Lane, Frederick C. 1958. "The Economic Consequences of Organized Violence." *Journal of Economic History* 18 (4): 401–417.

Lee, Wayne E. 2011a. "The Military Revolution of Native North America: Firearms, Forts and Polities." In *Empires and Indigenes: Intercultural Alliances, Imperial Expansion, and Warfare in the Early Modern World*, edited by Wayne E. Lee, 49–80. New York: New York University Press.

Lee. Wayne E. 2011b. "Projecting Power in the Early Modern World: The Spanish Model?" In *Empires and Indigenes: Intercultural Alliances, Imperial Expansion, and Warfare in the Early Modern World,* edited by Wayne E. Lee, 1–16. New York: New York University Press.

Lee, Wayne E. 2015. *Waging War: Conflict, Culture and Innovation in World History.* Oxford: Oxford University Press.

Lemke, Douglas. 2003. "African Lessons for International Relations Research." *World Politics* 56 (1): 114–138.

Levy, Jack S. 1983. *War in the Modern Great Power System 1495-1795.* Lexington: University Press of Kentucky.

Liberman, Peter. 1996. *Does Conquest Pay? The Exploitation of Occupied Industrial Societies.* Princeton: Princeton University Press.

Lieberman, Evan. 2003. *Strange Parallels: Southeast Asia in Global Context,* c.800–1830. Cambridge: Cambridge University Press.

Locher-Scholten, Elsbeth. 1994. "Dutch Expansion in the Indonesian Archipelago around 1900 and the Imperialism Debate." *Journal of Southeast Asian Studies* 25 (1): 91–111.

Lockhart, James. 1999. *Of Thing of the Indies: Essays Old and New in Early Latin American History.* Cambridge: Cambridge University Press.

Lorge, Peter. 2005. *War, Politics and Society in Early Modern China 900-1795.* London: Routledge.

Lorge, Peter A. 2008. *The Asian Military Revolution: From Gunpowder to the Bomb.* Cambridge: Cambridge University Press.

Lovell, Julia. 2011. *Opium War: Drugs, Dreams and the Making of Modern China.* London: Pan Macmillan.

Lyall, Jason, and Isaiah Wilson. 2009. "Rage Against the Machines: Explaining Outcomes in Counter-Insurgency Wars." *International Organization* 63 (1): 67–106.

Lynn, John A. (ed.) 1994. *Feeding Mars: Logistics in Western Warfare from the Middle Ages to the Present.* London: Routledge.

Lynn, John A. 2008. *Battle: A History of Combat and Culture from Ancient Greece to Modern America.* New York: Basic Books.

MacDonald, Paul K. 2009. "Those who Forget Historiography Are Doomed to Repeat It: Empire, Imperialism and Contemporary Debates about American Power." *Review of International Studies* 31 (1): 45-67.

MacDonald, Paul K. 2013. "'Retribution must Succeed Rebellion': The Colonial Origins of Counterinsurgency Failure." *International Organization* 67 (2): 253-286.

MacDonald, Paul K. 2014. *Networks of Domination: The Social Foundations of Peripheral Conquest*. Oxford: Oxford University Press.

Mack, Andrew. 1975. "Why Big Nations Lose Small Wars: The Politics of Asymmetric Conflict" *World Politics* 27 (2): 175-200.

Mahoney, James. 1999. "Nominative, Ordinal and Narrative Appraisal in Macrocausal Analysis." *American Journal of Sociology* 104 (4): 1154-1196.

Malone, Patrick. 1991. *Skulking Way of War: Technology and Tactics Among the New England Indians*. Lanham MD: Madison.

Mann, Michael. 1986. *The Sources of Social Power*. Vol. 1, *A History from the Beginning to 1760 AD*. Cambridge: Cambridge University Press.

Mann, Michael. 1993. *The Sources of Social Power*. Vol. 2, *A The Rise of Classes and Nation-States, 1760-1914*. Cambridge: Cambridge University Press.

Mao, Haijian. 2016. *The Qing Empire and the Opium War: The Collapse of the Heavenly Dynasty*. Cambridge: Cambridge University Press.

March, James G., and Johan P. Olsen. 1989. *Rediscovering Institutions: The Organizational Basis of Politics*. New York: Free Press.

March, James G., and Johan P. Olsen.1998. "The Institutional Dynamics of International Political Orders." *International Organization* 52 (4): 943-969.

Marks, Robert B. 2002. *The Origins of the Modern World: A Global and Environmental Narrative from the Fifteenth to the Twenty-First Century*. Lanham, MD: Rowman and Littlefield.

Marshall, P. J. 1980. "Western Arms in Maritime Asia in the Early Phases of Expansion." *Modern Asian Studies* 14 (1): 13-28.

Marshall, P. J. 2005. *The Making and Unmaking of Empires: Britain, India, and America c.1750-1783*. Oxford: Oxford University Press.

Matthew, Laura E., and Michel R. Oudijk (eds). 2007. *Indian Conquistadors: Indigenous Allies in the Conquest of Mesoamerica*. Norman: University of Oklahoma Press.

Matthews, K. S. 2015. "Indo-Portuguese Naval Battles in the Indian Ocean during the Early Sixteenth Century." In *Chinese and Indian Warfare: From the Classical Age to 1870*, edited by Kaushik Roy and Peter Lorge, 166-180. Abingdon, UK: Routledge.

McNeill, William H. 1982. *The Pursuit of Power: Technology, Armed Force and Society since AD 1000*. Oxford: Basil Blackwell.

Merom, Gil. 2003. *How Democracies Lose Small Wars: State, Society, and the Failures of France in Algeria, Israel in Lebanon, and the United States in Vietnam*. Cambridge: Cambridge University Press.

Meyer, John W. and Brian Rowan. 1977. "Institutionalized Organizations: Formal Structure as Myth and Ceremony." *American Journal of Sociology* 83 (2): 340-363.

Meyer, John W., John Boli, George M. Thomas, and Francisco O. Ramirez. 1997. "World Society and the Nation-State." *American Journal of Sociology.* 103 (1): 144-181.

Meyer, John W. 2010. "World Society, Institutional Theories, and the Actor." *Annual Review of Sociology* 36 (1): 1-20.

Milton, Giles. 1999. *Nathaniel's Nutmeg: Or, The Incredible True Adventures of the Spice Trader who Changed the Course of History.* London: Hodder and Stoughton.

Modelski, George, and Kazimierz Poznanski. 1996. "Evolutionary Paradigms in the Social Sciences." *International Studies Quarterly* 40 (3): 315-319.

Moertono, Soemersaid. 2009. *State and Statecraft in Old Java: A Study of the Later Mataram Period, 16th to 19th Century.* Sheffield: Equinox.

Mommsen, Wolfgang J. 1980. *Theories of Imperialism.* Chicago: University of Chicago Press.

Morrow, James D. 1991. "Alliance and Asymmetry: An Alternative to the Capacity Aggregation Model of Alliances." *American Journal of Political Science* 35 (4): 904-933.

Mortimer, Geoff. 2004a. "Introduction: Was There a 'Military Revolution' in the Early Modern Period?" In *Early Modern Military History, 1450-1815* edited by Geoff Mortimer, 1-5. Houndmills, UK: Palgrave.

Mortimer, Geoff (ed.). 2004b. *Early Modern Military History, 1450-1815.* Houndmills, UK: Palgrave.

Mostert, Tristan. 2007. "Chain of Command: The Military System of the Dutch East India Company 1655-1663." Masters Thesis, Department of History, University of Leiden.

Murphey, Rhoads. 1993. "The Ottoman Resurgence in the Seventeenth Century Mediterranean: The Gamble and its Results." *Mediterranean Historical Review* 8 (2): 186-200.

Murphey, Rhoads. 1999. *Ottoman Warfare 1500-1700.* London: New Brunswick NJ: Rutgers University Press.

Nagtegaal, Lucas. 1996. *Riding the Dutch Tiger: The Dutch East India Company and the Northeast Coast of Java, 1680-1743.* Leiden: KITLV.

Nelson, Richard R., and Sidney G. Winter. 1982. *An Evolutionary Theory of Economic Change.* Cambridge: Harvard University Press.

Neil-Tomlinson, Barry. 1977. "The Nyassa Chartered Company 1891-1929." *Journal of African History* 18 (1): 109-128.

Newbury, Colin. 2003. *Patrons, Clients, and Empire: Chieftaincy and Over-Rule in Asia, Africa, and the Pacific.* Oxford: Oxford University Press.

North, Douglass C. 1990a. *Institutions, Institutional Change and Economic Performance.* Cambridge: Cambridge University Press.

North, Douglass C. 1990b. "Institutions, Transaction Costs, and the Rise of Merchant Empires." In *The Political Economy of Merchant Empires: State Power and World Trade 1350-1750*, edited by James D. Tracy, 22-40. Cambridge: Cambridge University Press.

North, Douglass C., and Robert Paul Thomas. 1973. *The Rise of the Western World: A New Economic History.* Cambridge: Cambridge University Press.

North, Douglass C., and Barry R. Weingast. 1989. "Constitutions and Commitment: The Evolution of Institutions Governing Public Choice in Seventeenth-Century England." *Journal of Economic History* 49 (4): 803–832.

Odegard, Erik. 2014. "Fortifications and the Imagination of Colonial Control: The Dutch East India Company in Malabar 1663–1795." Paper presented at the Urban History Conference, September 3–7, 2014, Lisbon.

Oman, C.M.C. 1885 [1953] *The Art of War in the Middle Ages, AD 378–1515*. Ithaca, NY: Cornell University Press.

Pace, Desmond, Jana Hili, and Simon Grima. 2016. "Active versus Passive Investing: An Empirical Study on the US and European Mutual Funds and ETFs." In *Contemporary Issues in Bank Financial Market*, edited by Simon Grima and Frank Bezzina, 1–35. Bingley, UK: Emerald Group.

Padden, Robert Charles. 1957. "Cultural Change and Military Resistance in Araucanian Chile, 1550–1730." *Southwestern Journal of Anthropology* 13 (1): 103–121.

Parker, Geoffrey. 1995 [1976] "The 'Military Revolution, 1560–1660'–A Myth?" In *The Military Revolution Debate: Readings in the Military Transformation of Early Modern Europe*, edited by Clifford J. Rogers, 37–54. Boulder, CO: Westview.

Parker, Geoffrey. 1988 [1996] *The Military Revolution: Military Innovation and the Rise of the West, 1500–1800*. Cambridge: Cambridge University Press.

Parker, Geoffrey. 1990. "Europe and the Wider World, 1500–1750: The Military Balance." In *The Political Economy of Merchant Empires: State Power and World Trade 1350–1750*, edited by James D. Tracy, 161–195. Cambridge: Cambridge University Press.

Parker, Geoffrey. 2002. "The Artillery Fortress as an Engine of European Overseas Expansion 1480–1750." In *Empire, War and Faith in Early Modern Europe*, edited by Geoffrey Parker, 192–218. London: Penguin.

Parrott, David. 2012. *The Business of War: Military Enterprise and the Military Revolution in Early Modern Europe*. Cambridge: Cambridge University Press.

Pearson, M. N. 1990. "Merchants and States." In *The Political Economy of Merchant Empires: State Power and World Trade 1350–1750*, edited by James D. Tracy, 41–116. Cambridge: Cambridge University Press.

Pearson, Michael N. 1998. *Port Cities and Intruders: The Swahili Coast, India and Portugal in the Early Modern Era*. Baltimore: Johns Hopkins University Press.

Pearson, Michael N. 2003. *The Indian Ocean*. London: Routledge.

Pedreira, Jorge M. 2007. "Costs and Financial Trends in the Portuguese Empire, 1415–1822." In *Portuguese Oceanic Expansion, 1400–1800*, edited by Francisco Bethencourt and Diogo Ramada Curto, 49–87. Cambridge: Cambridge University Press.

Peers, Douglas M. 2007. "Gunpowder Empires and the Garrison State: Modernity, Hybridity, and the Political Economy of Colonial India, circa 1750–1850." *Comparative Studies of South Asia, Africa and the Middle East* 27 (2): 245–258.

Peers, Douglas M. 2011. "Revolution, Evolution, or Devolution: The Military Making of Colonial India." In *Empires and Indigenes: Intercultural Alliances, Imperial Expansion, and Warfare in the Early Modern World*, edited by Wayne E. Lee, 81–106. New York: New York University Press.

Peers, Douglas M. 2015. "Military Revolution and State Formation Reconsidered: Mir Qasim, Haider Ali and Transition to Colonial Rule in the 1760s." In *Chinese and Indian Warfare: From the Classical Age to 1870*, edited by Kaushik Roy and Peter Lorge, 302–323. Abingdon, UK: Routledge.

Perdue, Peter C. 2005. *China Marches West. The Qing Conquest of Central Eurasia*. Cambridge: Harvard University Press.

Phillips, Andrew. 2011. *War, Religion and Empire: The Transformation of International Orders*. Cambridge: Cambridge University Press.

Phillips, Andrew, and J. C. Sharman. 2015. *International Order in Diversity: War, Trade and Rule in the Indian Ocean*. Cambridge: Cambridge University Press.

Philpott, Daniel. 2001. *Revolutions in Sovereignty: How Ideas Shaped Modern International Relations*. Princeton: Princeton University Press.

Pierson, Paul. 2003. "Big, Slow-Moving ... and Invisible: Macrosocial Processes in the Study of Comparative Politics." In *Comparative Historical Analysis in the Social Sciences*, edited by James Mahoney and Dietrich Rueschemeyer, 177–207. Cambridge: Cambridge University Press.

Pierson, Paul. 2004. *Politics in Time: History, Institutions, and Social Analysis*. Princeton: Princeton University Press.

Prestholdt, Jeremy 2001. "Portuguese Conceptual Categories and the 'Other' Encounter on the Swahili Coast." *Journal of Asian and African Studies* 36 (4): 383–403.

Polachek, James M. 1991. *The Inner Opium War*. Cambridge: Harvard University Press.

Pomeranz, Kenneth. 2001. *The Great Divergence: China, Europe and the Making of the Modern World Economy*. Princeton: Princeton University Press.

Posen, Barry R. 1993. "Nationalism, the Mass Army and Military Power." *International Security* 18 (2): 80–124.

Powell, Walter W., and Paul J. DiMaggio (eds.). 1991a. *The New Institutionalism in Organizational Analysis*. Chicago: University of Chicago Press.

Powell, Walter W., and Paul DiMaggio. 1991b. "Introduction." In *The New Institutionalism in Organizational Analysis*, edited by Walter W. Powell and Paul DiMaggio, 1–40. Chicago: University of Chicago Press.

Prakash, Om (ed.). 2002. *Downfall of Mughal Empire*. [*sic*] Delhi: Anmol.

Quirk, Joel, and David Richardson. 2014. "Europeans, Africans and the Atlantic World, 1450–1850." In *International Orders in the Early Modern World: Before the Rise of the West*, edited by Shogo Suzuki, Yongjin Zhang, and Joel Quirk, 138–158. Routledge: Abingdon.

Ralston, David B. 1990. *Importing the European Army: The Introduction of European Military Techniques and Institutions into the Extra-European World 1600–1914*. Chicago: University of Chicago Press.

Rapkin, David. 2001 "Obstacles to an Evolutionary Global Politics Research Program." In *Evolutionary Interpretations of World Politics*, edited by William R. Thompson, 52–60. New York: Routledge.

Record, Jeffery. 2007. *Beating Goliath: Why Insurgencies Win*. Washington, DC: Potomac.

Reid, Anthony. 1982. *Europe and Southeast Asia: The Military Balance*. Centre for Southeast Asia Studies, James Cook University, Occasional Paper 16.

Resende-Santos, João. 2007. *Neorealism, States, and the Modern Mass Army*. Cambridge: Cambridge University Press.

Restall, Matthew. 2003. *Seven Myths of the Spanish Conquest*. Oxford: Oxford University Press.

Reus-Smit, Christian. 2011. "Struggles for Individual Rights and the Expansion of the International System." *International Organization* 65 (2): 207–242.

Reus-Smit, Christian. 2013. *Individual Rights and the Making of the International System*. Cambridge: Cambridge University Press.

Richards, John F. 1993. *The Mughal Empire*. Cambridge: Cambridge University Press.

Ricklefs, M. C. 1993. *War, Culture and the Economy in Java, 1677-1726*. Sydney: Allen and Unwin.

Ringmar, Erik. 2012. "Performing International Systems: Two East-Asian Alternatives to the Westphalian Order." *International Organization* 66 (1): 1–25.

Roberts, Michael. 1955 [1995] "The Military Revolution, 1560–1660.", In *The Military Revolution Debate: Readings in the Military Transformation of Early Modern Europe*, edited by Clifford J. Rogers, 13–35. Boulder, CO: Westview.

Rodger, N.A.M. 2011. "From the 'Military Revolution' to the 'Fiscal-Naval State.'" *Journal for Maritime Studies* 13 (2): 119–128.

Rogers, Clifford J. 1995a. "The Military Revolution Debate in History and Historiography." In *The Military Revolution Debate: Readings in the Military Transformation of Early Modern Europe*, edited by Clifford J. Rogers, 1–12. Boulder, CO: Westview.

Rogers, Clifford J. 1995b. "The Military Revolutions of the Hundred Years War." In *The Military Revolution Debate: Readings in the Military Transformation of Early Modern Europe*, edited by Clifford J. Rogers, 55–93. Boulder, CO: Westview.

Rogers, Clifford J. (ed.). 1995c. *The Military Revolution Debate: Readings in the Military Transformation of Early Modern Europe*. Boulder, CO: Westview.

Rogowski, Ronald. 1999. "Institutions as Constraints on Strategic Choice." In *Strategic Choice and International Relations*, edited by David A. Lake and Robert Powell, 115–136. Princeton: Princeton University Press.

Roland, Alex. 2016. *War and Technology: A Very Short Introduction*. Oxford: Oxford University Press.

Rommelse, Gijs. 2011. "An Early Modern Naval Revolution? The Relationship between "Economic Reason of State" and Maritime Warfare." *Journal for Maritime Research* 13 (2): 138–150.

Rose, Susan. 2001. *Medieval Naval Warfare*. Abingdon, UK: Routledge.

Rosen, Stephen Peter. 1994. *Winning the Next War: Innovation and the Modern Military*. Ithaca, NY: Cornell University Press.

Rosen, Stephen Peter. 1996. *Societies and Military Power: India and its Armies*. Ithaca, NY: Cornell University Press.

Rosenthal, Jean-Laurent, and R. Bin Wong. 2011. *Before and Beyond the Great Divergence: The Politics of Economic Change in China and Europe*. Cambridge: Cambridge University Press.

Roy, Kashulik. 2011a. "The Hybrid Military Establishment of the East India Company in South Asia: 1750–1849." *Journal of Global History* 6 (2): 195–218.

Roy, Kaushik. 2011b. *War, Culture and Society in Early Modern South Asia*. London: Taylor and Francis.

Roy, Kaushik, and Peter Lorge. 2015. "Introduction." In *Chinese and Indian Warfare: From the Classical Age to 1870*, edited by Kaushik Roy and Peter Lorge, 1–14. Abingdon, UK: Routledge.

Roy, Tirthankar. 2013. "Rethinking the Origins of British India: State Formation and Military-Fiscal Undertakings in an Eighteenth Century World Region." *Modern Asian Studies* 47 (4): 1125–1156.

Rudolph, Lloyd I., and Susanne Hoeber Rudolph. 2010. "Federalism as State Formation in India: A Theory of Shared Sovereignty." *International Political Science Review* 31 (5): 553–572.

Scammell, G. V. 1989. *The First Imperial Age: European Overseas Expansion c.1400–1715*. London: Unwin Hyman.

Schilz, Thomas Frank, and Donald E. Worcester. 1987. "The Spread of Firearms among the Indian Tribes on the Northern Frontier of New Spain." *American Indian Quarterly* 11 (1): 1–10.

Secoy, Frank Raymond (ed.) 1953. *Changing Military Patterns on the Great Plains*. Lincoln: University of Nebraska Press.

Sharman, J. C. 2017. "Sovereignty at the Extremes: Micro-States in World Politics," *Political Studies* 65 (4): 559–575.

Sharman, J. C. 2015. "War, Selection, and Micro-States: Economic and Sociological Perspectives on the International System" *European Journal of International Relations* 21 (1): 194–214.

Slinn, Peter. 1971. "Commercial Concessions and Politics During the Colonial Period: The Role of the British South Africa Company in Northern Rhodesia, 1890–1964." *Royal African Society* 70 (281): 365–384.

Snyder, Jack. 1991. *Myths of Empire: Domestic Politics and International Ambition*. Ithaca, NY: Cornell University Press.

Spicer, Edward H. 1967. *Cycles of Conquest: The Impact of Spain, Mexico and the United States on the Indians of the Southwest*. Tucson: University of Arizona Press.

Spruyt, Hendrik. 1994. *The Sovereign State and Its Competitors: An Analysis of Systems Change*. Princeton: Princeton University Press.

Spruyt, Hendrik. 2001. "Diversity or Uniformity in the Modern World? Answers from Evolutionary Theory, Learning, and Social Adaptation." In *Evolutionary Interpretations of World Politics*, edited by William R. Thompson, 110–132. New York: Routledge.

Spruyt, Hendrik. 2005. *Ending Empire: Contested Sovereignty and Territorial Partition*. Ithaca, NY: Cornell University Press.

Steele, Ian K. 1994. *Warpaths: Invasions of North America*. Oxford: Oxford University Press.

Steensgaard, Niels. 1973. *The Asian Trade Revolution of the Seventeenth Century: The East India Companies and the Decline of the Caravan Trade*. Chicago: University of Chicago Press.

Stern, Philip J. 2006. "British Asia and British Atlantic: Connections and Comparisons." *William and Mary Quarterly* 63 (4): 693–712.

Stern, Philip J. 2009. "History and Historiography of the English East India Company: Past, Present and Future!" *History Compass* 7 (4): 1146–1180.

Stern, Philip J. 2011. *The CompanyState: Corporate Sovereignty and the Early Modern Foundations of the British Empire in India*. Oxford: Oxford University Press.

Stevens, Carol B. 2007. *Russia's Wars of Emergence 1460–1730*. Harlow: Pearson.

Strang, David. 1991. "Anomaly and Commonplace in European Political Expansion: Realist and Institutionalist Accounts." *International Organization* 45 (2): 143–162.

Streusand, Douglas E. 1989. *The Formation of the Mughal Empire*. Oxford: Oxford University Press.

Streusand, Douglas. 2001. "The Process of Expansion." In *Warfare and Weaponry in South Asia 1000–1800*, edited by Jos J. L. Gommans and Dirk H. A. Kolff, 337–364. New Delhi: Oxford University Press.

Streusand, Douglas E. 2011. *Islamic Gunpowder Empires: Ottomans, Safavids, and Mughals*. Boulder, CO: Westview.

Subrahmanyam, Sanjay, and Luis Filipe F. R. Thomas. 1990. "Evolution of Empire: The Portuguese in the Indian Ocean during the Sixteenth Century." In *The Political Economy of Merchant Empires: State Power and World Trade 1350–1750*, edited by James D. Tracy, 298–331. Cambridge: Cambridge University Press.

Subrahmanyam, Sanjay. 1990. *The Political Economy of Commerce: Southern India, 1500–1650*. Cambridge: Cambridge University Press.

Subrahmanyam, Sanjay. 1992. "The Mughal State—Structure or Process? Reflections on Recent Western Historiography." *Indian Economic and Social History Review* 29 (3): 291–321.

Subrahmanyam, Sanjay. 1995. "Of *Imârat* and *Tijârat*: Asian Merchants and State Power in the Western Indian Ocean, 1400–1750." *Comparative Studies in Society and History* 37 (4): 750–780.

Subrahmanyam, Sanjay. 2006. "A Tale of Three Empires: Mughals, Ottomans and Habsburgs in a Comparative Context." *Common Knowledge* 12 (1): 66–92.

Subrahmanyam, Sanjay. 2007. "Holding the World in Balance: The Connected Histories of the Iberian Overseas Empires 1500–1640." *American Historical Review* 112 (5): 1359–1385.

Subrahmanyam, Sanjay. 2012. *The Portuguese Empire in Asia, 1500–1700: A Political and Economic History*. Hoboken, NJ: Wiley.

Suzuki, Shogo. 2005. "Japan's Socialization into Janus-Faced European International Society." *European Journal of International Relations* 11 (1): 137–164.

Suzuki, Shogo. 2009. *Civilization and Empire: China and Japan's Encounter with International Society.* Abingdon, UK: Routledge.

Suzuki, Shogo, Yongjin Zhang, and Joel Quirk. 2014. "Introduction: The Rest and the Rise of the West." In *International Orders in the Early Modern World: Before the Rise of the West,* edited by Shogo Suzuki, Yongjin Zhang, and Joel Quirk, 1–11. Abingdon, UK: Routledge.

Swope, Kenneth. 2005. "Crouching Tiger, Secret Weapons: Military Technology Employed During the Sino-Japanese-Korean War, 1592–1598." *Journal of Military History* 69 (1): 11–41.

Swope, Kenneth M. 2009. *A Dragon's Head and a Serpent's Tail: Ming China and the First Great East Asian War.* Norman: University of Oklahoma Press.

Tagliacozzo, Eric. 2002. "Trade, Production and Incorporation: The Indian Ocean in Flux, 1600–1900." *Itinerario* 26 (1): 75–106.

Thompson, William R. 1999. "The Military Superiority Thesis and the Ascendancy of Western Eurasia in the World System." *Journal of World History* 10 (1): 143–178.

Thompson, William R., and Karen Rasler. 1999. "War, the Military Revolution(s) Controversy, and Army Expansion." *Comparative Political Studies* 32 (1): 3–31.

Thompson, William R. (ed.) 2001. *Evolutionary Interpretations of World Politics,* New York: Routledge.

Thomson, Janice E. 1994. *Mercenaries, Pirates and Sovereign: State-Building and Extra-Territorial Violence in Early-Modern Europe.* Princeton: Princeton University Press.

Thornton, John K. 1999. *Warfare in Atlantic Africa 1500–1800* London: Routledge.

Thornton, John K. 2007. "The Portuguese in Africa." In *Portuguese Oceanic Expansion, 1400–1800,* edited by Francisco Bethencourt and Diogo Ramada Curto, 138–160. Cambridge: Cambridge University Press.

Thornton, John K. 2011. "Firearms, Diplomacy, and Conquest in Angola." In *Empires and Indigenes: Intercultural Alliances, Imperial Expansion, and Warfare in the Early Modern World,* edited by Wayne E. Lee, 167–192. New York: New York University Press.

Tilly, Charles (ed.) 1975. *The Formation of National States in Western Europe.* Princeton: Princeton University Press.

Tilly, Charles. 1985. "War Making and State Making as Organized Crime." In *Bringing the State Back In,* edited by Peter B. Evans, Dietrich Rueschemeyer, and Theda Skocpol, 169–191. Cambridge: Cambridge University Press.

Tilly, Charles. 1992. *Capital, Coercion and European States, A.D. 990–1992.* Oxford: Blackwell.

Tracy, James D. 1990. "Introduction." In *The Political Economy of Merchant Empires: State Power and World Trade 1350–1750,* edited by James D. Tracy, 1–21. Cambridge: Cambridge University Press.

Tuck, Christopher. 2008. "All Innovation Leads to Hellfire": Military Reform and the Ottoman Empire in the Eighteenth Century. *Journal of Strategic Studies* 31 (3): 467–502.

Tucker, Molly. 2012. *Bloodwork: A Tale of Medicine and Murder in the Scientific Revolution*. New York: W. W. Norton.

Turner, Victor (Ed). 1971. *Colonialism in Africa*, Vol.3. Cambridge: Cambridge University Press.

Tyce, Spencer R. 2015. "German Conquistadors and Venture Capitalists: The Welser Company's Commercial Experiment in Sixteenth Century Venezuela and the Caribbean World." Ph.D. Dissertation, Ohio State University.

Vail, Leroy. 1976. "Mozambique's Chartered Companies: The Rule of the Feeble." *Journal of African History* 17 (3): 389–416.

van Creveld, Martin. 1977. *Supplying War: Logistics from Wallenstein to Patton*. Cambridge: Cambridge University Press.

Vandervort, Bruce. 1998. *Wars of Imperial Conquest in Africa 1830-1914*. Bloomington: Indiana University Press.

Vigneswaran, Darshan. 2014. "A Corrupt International Society: How Britain was Duped into Its First Indian Conquest." In *International Orders in the Early Modern World: Before the Rise of the West*, edited by Shogo Suzuki, Yongjin Zhang, and Joel Quirk, 94–117. (Abingdon, UK: Routledge).

von Clausewitz, Carl. 2008. *On War*. Princeton: Princeton University Press.

Walt, Stephen M. 2002. "The Enduring Relevance of the Realist Tradition." In *Political Science: State of the Discipline*, edited by Ira Katznelson and Helen V. Milner, 197–230. New York: W. W. Norton.

Waltz, Kenneth N. 1979. *Theory of International Politics*. Reading MA: Addison-Wesley.

Ward, Kerry. 2008. *Networks of Empire: Forced Migration in the Dutch East India Company*. Cambridge: Cambridge University Press.

Washbrook, David. 2004. "South India 1770–1840: The Colonial Transition." *Modern Asian Studies* 38 (3): 479–516.

Watson, I. Bruce 1980. "Fortifications and the "Idea" of Force in Early English East India Company Relations with India." *Past and Present* No. 88: 70–87.

Watt, Robert N. 2002. "Raiders of a Lost Art? Apache War and Society." *Small Wars and Insurgencies* 13 (3): 1–28.

Weigert, Stephen L. 1996. *Traditional Religion and Guerrilla Warfare in Modern Africa*, Houndmills, UK: Macmillan.

Wellen, Kathryn. 2015. "The Danish East India Company's War against the Mughal Empire, 1642–1698." *Journal of Early Modern History* 19 (5): 439–461.

Wendt, Alexander. 1999. *Social Theory of International Politics*. Cambridge: Cambridge University Press.

Weststeijn, Arthur. 2014. "The VOC as a Company-State: Debating Seventeenth-Century Dutch Colonial Expansion." *Itinerario* 38 (1): 13–34.

Wheatcroft, Andrew. 2008. *The Enemy at the Gate: Habsburgs, Ottomans and the Battle for Europe*. London: Bodley Head.

Wickremesekera, Channa. 2015. "European Military Experience in South Asia: The Dutch and British Armies in Sri Lanka in the Eighteenth Century." In *Chinese and Indian Warfare: From the Classical Age to 1870*, edited by Kaushik Roy and Peter Lorge, 289–301. Abingdon, UK: Routledge.

Wills, John E. 1993. "Maritime Asia, 1500–1800: The Interactive Emergence of European Domination." *American Historical Review* 98 (1): 83–105.

Wilson, Nicholas Hoover. 2015. "'A State in Disguise of a Merchant?' The English East India Company as a Strategic Action Field, ca. 1763–1834." In *Chartering Capitalism: Organizing Markets, States, and Publics*. Special issue of *Political Power and Social Theory* 29 (1): 257–285.

Winius, George Davidson. 1971. *The Fatal History of Portuguese Ceylon: Transition to Dutch Rule*, Cambridge: Harvard University Press.

Wlodarczyk, Nathalie. 2009. *Magic and Warfare: Appearance and Reality in Contemporary African Conflict and Beyond*, New York: Palgrave.

Wong, J. Y. 2000. "The Limits of Naval Power: British Gunboat Diplomacy in China from the Nemesis to the Amethyst, 1839–1949." *War and Society* 18 (2): 93–120.

Zarakol, Ayşe. 2010. *After Defeat: How the East Learned to Live with the West*. Cambridge: Cambridge University Press.